Sans gluten
naturellement

Pour recevoir notre catalogue, envoyez-nous vos coordonnées :

La Plage
rue du Parc
34200 Sète
France
Tél. : +33 (0)4 67 53 42 25
Fax : +33 (0)4 67 53 49 05
edition@laplage.fr
www.laplage.fr

© Éditions La Plage 2002
ISBN 2-84221-085-9
Tous droits de traduction, de reproduction et d'adaptation réservés pour tous pays.
Photos et dessins : DR

Sans gluten
naturellement

Valérie Cupillard
Préface du docteur Seignalet

éditeur

Remerciements

Au Dr Seignalet dont l'ouvrage « l'Alimentation ou la troisième médecine » *m'a permis de découvrir il y a quelques années les bases d'une alimentation « hypotoxique ».*
Et donc de concevoir la cuisine non seulement du côté plaisir et gustatif mais aussi du côté « pleine santé » !

Merci à lui pour avoir apporté dans sa préface les précisions nécessaires sur le terme communément employé de « sans gluten » et pour l'explication des principes de sa méthode diététique.

Et à tous ceux qui de près ou de loin m'ont permis d'élaborer cet ouvrage, pour leurs informations ou leur éclairage sur le sujet.

SOMMAIRE

Préface 7
Introduction 9
Classement par ingrédient principal 11

Les recettes
- Amandes 17
- Châtaigne 27
- Manioc 39
- Millet 43
- Noisettes 49
- Noix de cajou 53
- Noix de coco 57
- Patate douce 61
- Pomme de terre 65
- Pistaches 69
- Quinoa 73
- Riz 81
- Sarrasin 101
- Soja 105
- Légumes secs 111

Des pains sans gluten 80
Des idées pour le petit déjeuner 120
Des idées pour un buffet 121
Ou un repas de fête... 122
Et de vrais desserts ! 123
Et pour le goûter ? 124
Toutes les recettes 125

Auteur primée de nombreux livres de cuisine, **Valérie Cupillard** élabore des recettes qui permettent de découvrir de nouvelles harmonies gourmandes.
Cuisinière inspirée, elle transmet à travers ses recettes une nouvelle façon d'envisager l'art culinaire en alliant gastronomie et alimentation saine.

Du même auteur aux éditions La Plage :
- Céréales et légumineuses, rapide et facile
- Cuisiner avec les huiles essentielles
- Sans lait et sans œufs

Avec le photographe culinaire Philippe Barret :
- Graines germées
- Fêtes bio, recevoir au fil des saisons
- Cuisiner bio, mode d'emploi
- Desserts et Pains sans gluten
- Assiettes végétariennes et plats uniques

Dans la collection de poche «Manger autrement» :
- Sauces végétariennes
- Soupes bio, saison par saison
- Petits déjeuners bio
- Huiles, équilibre oméga-3/oméga-6
- Quinoa
- Pâtés végétaux et tartinades

Du même auteur

Desserts et Pains SANS GLUTEN

Recettes Valérie Cupillard
Photographies Philippe Barret et Myriam Gauthier-Moreau
Editions La Plage

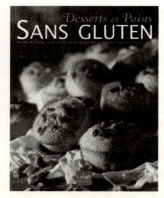

- Un livre illustré, tout couleurs pour se faire plaisir, et se régaler aussi avec les yeux.
- Pains, gros gâteaux, petits biscuits... pour se réconcilier avec la gourmandise même lorsque le gluten ne passe pas !

Prix public : 25,00 € - Format : 22 x 28 cm
Reliure cartonnée - 144 pages
ISBN 2-84221-133-2

Disponible en *magasin bio*, en *librairie* et à défaut *par correspondance* :
Éditions La Plage - Rue du Parc 34200 Sète Tél. : 04 67 53 42 25

Préface

Le livre de Valérie Cupillard est fort bien construit, élégamment présenté et sera certainement apprécié par tous ceux qui cherchent à manger sainement, mais aussi avec agrément.
Le titre nous annonce un régime sans gluten, ce qui mérite quelques précisions.
En effet, le gluten peut être défini de trois façons différentes :
- Classiquement, il s'agit de la fraction protéique de la farine des céréales, essentiellement constituée dans le cas du blé, par les gliadines et les gluténines.
- Populairement, on confond volontiers le gluten avec la farine des céréales dans son ensemble, ce qui conduit à exclure de son alimentation l'amidon de maïs ou le sirop de blé qui sont inoffensifs.
- Médicalement, on appelle régime sans gluten celui qui est proposé pour le traitement de la maladie cœliaque, c'est-à-dire la suppression du blé, du seigle et de l'orge. Or il existe d'autres céréales nocives en dehors de ce trio.

Plutôt que de gluten, je préfère parler du danger représenté par certaines protéines céréalières mutées et cuites.
Les céréales mutées ne sont pas les seuls aliments dangereux pour les êtres humains. Il convient en fait d'exclure toutes les substances auxquelles les enzymes humaines ne sont pas adaptées. Il faut donc ajouter, d'une part les laits animaux et leurs dérivés, d'autre part les produits cuits à une température supérieure à 110° C. Les raisons de cette inadaptation enzymatique sont largement expliquées dans mon ouvrage *L'Alimentation ou la troisième médecine* [1].
En somme, mieux vaudrait utiliser le terme de « régime hypotoxique » pour désigner ce mode nutritionnel logique et qui a fait ses preuves dans la prévention et le traitement de nombreuses maladies.
Ce sont d'ailleurs les principes de ce régime hypotoxique qui sont respectés tout au long de ce livre, où sont systématiquement écartés :

---

[1] *L'Alimentation ou la troisième médecine*, Éditions F-X de Guibert

PRÉFACE

- Le blé, le seigle, l'orge, l'avoine et le maïs,
- Les laits animaux, le beurre, la crème, les fromages, les yaourts et les glaces,
- Les aliments trop cuits, remplacés par des aliments crus ou cuits à l'étouffée ou à la vapeur douce.

Sont par contre développées les nombreuses possibilités offertes par les amandes, les châtaignes, le manioc, le millet, les noisettes, les noix de cajou, les noix de coco, les patates douces, les pommes de terre, les pistaches, le quinoa et le riz. À l'exception du millet, dont je connais mal les effets, tous ces produits, légumes, légumineuses ou céréales sont parfaitement inoffensifs pour l'immense majorité des humains.

En dehors des pommes de terre et du riz, largement employés dans la cuisine française, les autres aliments sont fort peu utilisés et méritent un emploi beaucoup plus étendu. Chez les patients pratiquant ma méthode diététique, ils viendront avantageusement remplacer les substances interdites.

Les recettes proposées par Valérie Cupillard sont nombreuses, clairement expliquées et savoureuses. On sent que, pour l'auteur de l'ouvrage, le respect des principes du régime hypotoxique n'empêche pas une recherche constante de la gastronomie. Il est vrai que ce programme nutritionnel, contrairement à ce que craignent certaines personnes lorsqu'elles le découvrent, reste parfaitement compatible avec les plaisirs de la table.

Valérie Cupillard recommande à juste titre les produits biologiques. N'oublions pas cependant qu'un aliment interdit reste nocif sous toutes ses formes, qu'il soit ou non biologique. Par contre, pour les substances autorisées, la préférence pour le biologique est évidemment amplement justifiée.

Ce livre sera à mon avis fort utile pour tous ceux qui veulent manger de façon correcte, mais manquent parfois d'imagination pour renouveler leurs menus. Je souhaite donc que cet ouvrage, bourré d'excellentes recettes, connaisse un succès mérité auprès du public.

Docteur Jean Seignalet
Maître de Conférences à la Faculté de Médecine de Montpellier

Introduction

C'est à la fois le plaisir de concocter de nouvelles recettes et la gourmandise (bien sûr !) qui m'ont fait découvrir des ingrédients comme la farine de riz ou de châtaignes, la purée d'amandes ou le lait de coco, les poudres de pistaches ou de noisettes…
Ensuite, sensibilisée sur le sujet du « régime sans gluten », c'est vers ceux qui se sentent contraints à une règle d'alimentation que j'ai souhaité apporter mes recettes pour leur proposer une vraie cuisine goûteuse, variée, innovante ! Oui, sans blé, on peut faire des gâteaux, des sauces comme des desserts gourmands, il y a réellement toute une gastronomie qui peut largement se passer de cet ingrédient !

Connaissant l'ouvrage du Dr Seignalet[1], pour avoir appliqué ses conseils pour moi-même et dans mon entourage, j'avais donc orienté ma cuisine vers d'autres céréales, en excluant « le blé, le maïs ainsi que l'orge, le seigle et l'avoine ». Mais en élaborant aussi mes recettes exclusivement avec des laits végétaux. Il n'y a ici aucun produit laitier d'origine animale, ni crème, ni beurre… ni margarine non plus, pour donner la préférence aux huiles de 1ère pression à froid.
Et côté cuisson, j'utilise le plus souvent possible les cuissons « douces », vapeur ou étouffée dans des cocottes à fond épais afin de préserver les qualités des aliments.

Pour adopter cette « autre façon » de cuisiner, il suffit de goûter !
C'est par exemple : faire des crêpes avec de la farine de châtaignes ou de sarrasin, réaliser une pizza avec un fond de pâte à base de riz, réussir sauces et béchamels avec de la crème de quinoa ou de la purée de sésame, utiliser les poudres d'amandes ou de pistaches pour élaborer des gâteaux qui ne nécessitent aucune farine…

1- Référence à l'ouvrage du *Dr Seignalet* « *L'alimentation ou la troisième médecine* » *Éditions F-X de Guibert* : le blé, le maïs sont à proscrire ainsi que l'orge, le seigle et l'avoine (qui sont de la même famille que le blé).

C'est autant d'ingrédients naturellement « sans gluten » que je vous propose de cuisiner au quotidien, en les déclinant sous toutes leurs formes (farines, semoules, « laits »...) pour réaliser des plats variés et prendre plaisir à savourer les repas de tous les jours comme les repas de fête, les goûters ou le petit déjeuner.

Je souhaite que les personnes dont la démarche était de rechercher des recettes pour cuisiner « *sans blé* », *avec des céréales « sans gluten »* trouvent aussi dans ce livre une autre façon de s'alimenter, pour avoir ainsi en mains tous les atouts pour leur santé. Je pense en particulier au remplacement des produits laitiers par des laits végétaux et à l'utilisation d'une cuisson douce (vapeur ou étouffée).

Les personnes souffrant de maladie cœliaque prendront soin de vérifier en détail lors de leurs achats les compositions des ingrédients, pour déceler la présence de gluten. À moins de posséder un moulin à céréales, elles se renseigneront également auprès des fabricants pour vérifier que la farine de riz (par exemple) est bien obtenue dans un moulin réservé à cet usage et non dans un moulin utilisé également pour moudre du blé, ceci afin de se prémunir de toute trace de gluten. Selon le degré d'intolérance, le conseil et le suivi médical qui vous accompagne, vous pourrez sélectionner les chapitres qui vont pouvoir vous apporter idées et recettes au quotidien !

Le gluten est absent dans le riz, le soja, le sarrasin, le manioc (tapioca), le maïs, le millet, le quinoa, la pomme de terre et la châtaigne. Quand on explore également les possibilités des fruits secs, amandes, noisettes, noix de cajou, pistaches... ou encore de la noix de coco, des patates douces et des légumes, c'est une cuisine largement inventive qui s'apprécie tous les jours.

Des aliments bio et naturellement sans gluten
C'est en magasins bio, que vous trouverez le plus vaste choix pour découvrir les purées d'oléagineux (amandes, noisettes, noix de cajou...) les farines de légumineuses (châtaignes, lentilles...) le quinoa, le millet, le riz... sous diverses formes (farines, flocons, semoules...). Tous les ingrédients utilisés dans mon livre s'y trouvent ainsi facilement.

INTRODUCTION

Les ingrédients d'une cuisine variée

L'amande	Purée, lait	poudre
Lait d'amandes	17	
Sauces		
Sauce fine aux amandes	18	
Sauce pour jeunes légumes		18
Sauce chaude à l'amande	19	
Pistou d'amandes		19
Soupes		
Velouté amandine	20	
Crémeuse d'aubergines	86	
Soupe épinards	106	
Plats de légumes		
Gratin à la parmesane d'amandes		20
Crumble à la ratatouille		21
Desserts		
Gratin de fruits		17
Crème pâtissière au lait d'amandes	22	
Fond de tarte macarons		23
Petits fours		23
La tarte au chocolat aux fruits secs		23
La tarte ardéchoise		24
Tarte aux fraises, framboises		24
Macarons au chocolat		24
Le clafoutis tout prunes		25
Un crumble aux fruits		26

L'arrow root	
Dessert	
La crème au chocolat	99

La châtaigne	Purée, crème	Farine	Flocons
Soupes			
Soupe à la farine de châtaignes		28	
Velouté de châtaignes aux oignons		28	
Soupe à la purée de châtaignes	29		
Terrines, soufflés, crêpes			
Pâte à crêpes		29	
Terrine de légumes à la châtaigne	30		
Soufflé d'automne	30		
Cake de légumes aux châtaignes			31
Petites terrines d'hiver	108		
Desserts			
Mousseux à la compote pomme-châtaignes	32		
Pudding de châtaignes au chocolat		33	
Pâte à crêpes		33	
Pâte à biscuits et à tarte		34	
Galette vite faite		34	
Délicieux aux châtaignes	35		
Clafoutis aux pommes		35	
Crème fondante chocolat	36		
Crème anglaise à la châtaigne		36	
Gâteau châtaignes choco	37		
Gâteau du châtaignier	38	38	
Le « porridge » de châtaignes			38

Le manioc	tapioca
Potage	39
Desserts	
Dessert à la crème de coco	41
Tapioca à la vanille	41
Tapioca au chocolat	42

Le millet	semoule	flocons
Soupe		
Soupe de légumes		44
Galette aux légumes		
Râpée de courge		44
Flan et soufflé		
Petits flans ratatouille	45	
Soufflé de millet	46	
Desserts		
Soufflé sucré	46	
Pudding de millet	47	

La noisette	purée	farine	poudre
Lait de noisettes	49		
Sauce Crème noisettée	50		
Galettes et escalopes végétales Les pavés aux flocons		50	
Pâtes à crêpes Blinis à la farine de noisettes Crêpes sucrées		51 51	
Pâtisserie Fond de tarte noisetté Petits fours aux noisettes			52 52

La noix de cajou	purée
Sauce et soupe Velouté de fanes de radis Sauce cajou	55 56
Plat de légumes Gratin de courge	54

La noix de coco	lait	crème	râpée
Pâtisserie et gourmandises Pâte à crêpes au lait de coco Tartelettes nectarines ou banane-coco « Bonbons » au coco Cake bananes - quinoa	58	59	58 79

La patate douce	Variété blanche	Variété orange
Croque-monsieur de patates douces		62
Desserts Crème vanillée Fondant aux patates douces	62 64	

La pomme de terre	
Dauphinois léger Blanquette de pommes de terre et tofu Paté fin de pommes de terre	65 67 68

La pistache	Mixée en poudre
Pâtisserie Les macarons aux pistaches Gâteau chocolat pistaches	70 71

Le quinoa	graines	crème	flocons
Soupes Soupe aux dés de potimarron Crème de quinoa aux légumes *(et sa sauce au yaourt de soja)*	74	74	
Entrées et plats de légumes Cake aux légumes Gratin de légumes Taboulé de quinoa Tomates fraîcheur Couscous de quinoa aux légumes	 75 75 76 77		 73
Desserts : Crème de quinoa cannelle-cacao Dessert au quinoa Cake bananes – quinoa	 78 79	 78	

Le riz	riz	flocons	lait	farine	crème
Sauces					
Crème de riz au safran					82
Sauce à l'aubergine			82		
Sauce blanche à la crème de riz					83
Mousse de courge					83
Feuilles de riz					
Nems aux légumes		84			
Nems à la ratatouille		85			
Friands		85			
Soupes					
Crémeuse d'aubergines			86		
Crème de chou-fleur					86
Tartes et légumes					
Pizza au riz	87				
Tarte au riz	88				
Salade de riz complet aux courgettes	88				
Salade aux vermicelles	89				
Cake au riz		90			
Soufflé aux poireaux	90				
Timbales d'asperges	91			91	
Riz carottes-curry	91				
Pain d'aubergines		92			
Paëlla	92				
Riz aux pignons et à la menthe	93				
Riz façon cantonnais	93				
Escalopes de flocons de riz		94			
Omelette au riz		95			
Terrine de lentilles		114			
Desserts					
Clafoutis tout prunes			25	25	
Glaçage au chocolat			95		
Crème pâtissière			95	95	
Pâte à crêpes			96	96	
Fondants au chocolat			96	96	
Galette poêlée			97	97	
Le gratin de bananes			97	97	
Far aux pruneaux			98	98	
Le gâteau aux carottes				98	
Délice de fraises			99		
La crème au chocolat			99		

Le sarrasin	farine	crème	flocons
Sauce			
Sauce à la crème de sarrasin		102	
Galettes et pâte à crêpes			
Steaks de sarrasin			102
Galettes de sarrasin			103
Pâte à crêpes	103		
Et légumes			
Gratin de légumes			104
Galette de pomme de terre			104

Le soja	fromage blanc	tofu	lait	crème
Soupes Soupe de légumes Soupe épinards	106		106	
Sauces Petite sauce Crème soja aux 5 parfums Farce fines herbes tofu	74	107		107
Plats de légumes Blanquette de pommes de terre et tofu Flan de légumes Petites terrines d'hiver Pâté de lentilles vertes	108	67 108 115		108
Desserts Flan au cacao Mousseline pomme citronnée			109 110	

Les légumes secs	Légumes secs	farine	flocons
Azukis La terrine d'azukis	112		
Les 3 lentilles Coulis de lentilles Mayonnaise de lentilles Terrine de lentilles Purée de lentilles corail Pâté de lentilles vertes Pâte à crêpes ou blinis à la farine de lentilles	112 113 114 114 115	115	
Pois chiches Pâte à crêpes à la farine de pois chiches Pâte à beignets à la farine de pois chiches Galettes de pois chiches Panisse aux poireaux Hoummos	118	116 116 117	117
Pois cassés Crème de pois	119		119

Les proportions sont prévues pour 3-4 personnes.

Les temps de cuisson sont donnés pour des réalisations **en cocotte à fond épais pour une cuisson douce à la vapeur ou à l'étouffée.**

L'utilisation d'1 verre = 15 cl

La poudre levante utilisée n'est pas une levure chimique, c'est une poudre levante sans phosphates à base d'amidon de maïs.

Amandes

On connaît bien la poudre d'amandes blanches souvent utilisée dans les gâteaux, mais il existe aussi une poudre d'amandes complètes (que l'on peut d'ailleurs réaliser soi-même tout simplement en mixant finement les amandes entières), son parfum est différent et sert de base dans de nombreuses préparations.

Pour un **gratin de fruits** vite préparé : mélangez deux œufs avec une tasse de poudre d'amandes et un verre de lait de riz à la vanille, versez sur des grains de raisins frais, des demi-abricots, des mirabelles, des morceaux de poires... (au choix selon la saison) et mettez au four moins de 15 minutes.
La poudre d'amandes remplace avantageusement la chapelure pour saupoudrer sur des gratins de fruits ou de légumes.
En version salée, essayez la poudre d'amandes dans une délicieuse sauce : le pistou !

Effilées, concassées... les amandes viendront enrichir les galettes végétales, les gratins... Les pâtes ou crèmes à tartiner se trouvent au naturel ou bien sucrées de miel, de sucre de canne, voire de chocolat.

Et c'est grâce à la purée d'amandes nature (blanche ou complète) que l'on peut préparer le fameux « lait » végétal riche en calcium. Pour obtenir du **lait d'amandes**, délayez 1 cuillerée à soupe de purée d'amandes pour un bol d'eau tiède. On trouve également ce lait dans des formules prêtes à l'emploi ; poudre ou liquide. Le lait d'amande permet de réaliser des crèmes pâtissières, anglaises, des sauces fines, des flans légers, des crèmes dessert...

Amandes et sauces

Sauce fine aux amandes

Délicieuse avec les asperges, mais aussi nappée sur des blancs de poireaux ou une salade de pommes de terre...

- 2 c. à s. de purée d'amandes
- 6 c. à s. de lait de riz chaud
- 2 c. à s. d'huile de tournesol
- quelques amandes effilées

Délayez la purée d'amandes, en incorporant 3 cuillerées de lait chaud puis l'huile et terminez avec le lait en tournant vivement. Nappez sur les légumes et décorez d'amandes effilées grillées.

Sauce pour jeunes légumes

Pour tremper des bâtonnets de carottes ou de courgettes, des radis, du fenouil... des légumes crus ou bien saisis quelques instants à la vapeur.

Base pour 2 personnes :
- 2 c. à s. de tapenade (purée d'olives noires nature)
- 2 c. à s. de poudre d'amandes
- sel, poivre

Dans un petit bol, mélangez tous les ingrédients pour obtenir une pâte homogène.

Sauce chaude à l'amande

Pour accompagner des légumes cuits, des galettes végétales, un gratin...

- 1 demi-verre de lait de riz
- 2 c. à s. de purée d'amandes
- sel, poivre

Délayez la purée d'amandes avec le lait de riz tiède, faites chauffer doucement, salez et poivrez.

Pistou d'amandes

Ce pistou réalisé avec du basilic frais accompagnera vos soupes de légumes d'été (courgettes, pommes de terre, oignons, haricots verts...) L'hiver, vous utiliserez 2 cuillerées à soupe de feuilles séchées qui seront réhydratées en malaxant avec l'huile d'olive (pour accompagner les soupes de légumes en gros cubes : carottes, panais, pommes de terre, rave, poireaux...)

- 2 gousses d'ail, sel, poivre
- 8 c. à s. de poudre d'amandes
- 8 c. à s. d'huile d'olive
- 4 poignées de feuilles de basilic frais

Écrasez les gousses d'ail pour les mélanger à la poudre d'amandes, ajoutez du sel, du poivre et incorporez l'huile d'olive pour obtenir une belle pommade. Mixez en hachis très fin le basilic et ajoutez-le à la sauce. Malaxez l'ensemble énergiquement. (Ou mettez tous les ingrédients dans le robot et mixez).

Amandes et soupes

Velouté amandine

Avant de mixer vos veloutés de légumes, rajoutez une belle cuillerée à soupe de purée d'amandes blanches, cela leur donnera de l'onctuosité. Bien meilleur que de rajouter un corps gras !

- 4 poireaux
- 3 pommes de terre
- 2 c. à s. de purée d'amandes blanches
- sel, poivre

Faites cuire les poireaux en rondelles et les pommes de terre en petits morceaux à l'étouffée. Quand les légumes sont cuits, couvrez d'eau, faites chauffer. Ajoutez la purée d'amandes, du sel, du poivre et mixez. Parsemez d'amandes effilées passées sous le grill quelques instants ou dorées à la poêle à sec.

Amandes et légumes

Gratin à la parmesane d'amandes

La poudre d'amandes se marie bien avec les légumes, ce gratin peut être adapté avec d'autres « purées » de légumes : céleri-rave écrasé, pulpe de courgette...

- 1 grosse tranche de courge
- 1 oignon ou 1 gousse d'ail
- 1 bol de poudre d'amandes
- thym ou persil, sel, poivre
- 2 œufs (facultatif)

Détaillez la courge épluchée en petits morceaux et faites-la cuire à l'étouffée ou à la vapeur avec l'ail écrasé ou l'oignon en lamelles.
Quand la pulpe est fondante, écrasez à la fourchette en battant avec les œufs. Versez dans un plat à four huilé.
Hachez le persil et mélangez-le dans un petit bol avec la poudre d'amandes, du sel et du poivre. Saupoudrez sur le gratin et enfournez une vingtaine de minutes à thermostat 8.
En choisissant une cuisson vapeur, la pulpe assez sèche permet d'éviter d'utiliser des œufs : écrasez la pulpe à la fourchette, salez, poivrez et versez dans le plat. Étalez par dessus la poudre d'amandes (avec sel, poivre, persil). Faites gratiner.

Une variante :
Incorporez directement la poudre d'amandes avec la pulpe de courge. Le mélange étant ainsi épaissi, on peut éventuellement se passer de l'ajout des œufs et faire juste gratiner.

Crumble à la ratatouille

- 2 pommes de terre
- 2 aubergines
- 3 courgettes
- 1 gros poivron rouge
- 1 oignon, 2 gousses d'ail
- 6 c. à s. d'huile d'olive
- 1 feuille de laurier, sel, poivre
- 1 bol de poudre d'amandes
- 1 poignée de basilic

Épluchez les pommes de terre et les aubergines. Détaillez les courgettes en petits cubes ainsi que les aubergines, coupez les pommes de terre en plus petits dés. Tranchez le poivron et l'oignon en fines lamelles. Mettez tous les légumes à cuire en les mélangeant bien à l'huile d'olive, salez, poivrez. Ajoutez le laurier, l'ail écrasé. Démarrez la cuisson à couvert et feu doux. Remuez souvent, ôtez le

couvercle quand les légumes commencent à être tendres pour obtenir une compotée de légumes un peu « caramélisée ».
Hachez le basilic et ajoutez-lui la poudre d'amandes, salez et poivrez.
Versez la ratatouille dans un plat à four et étalez par dessus le mélange aux amandes. Faites gratiner quelques minutes sous le grill.

Servez chaud ou froid. Pratique aussi pour utiliser un reste de ratatouille, quelques cuillerées dans des ramequins individuels feront une petite entrée rapide au parfum original.

Amandes et desserts

Crème pâtissière au lait d'amandes

- 2 jaunes d'œufs*
- 5 c. à s. de sucre complet
- 5 c. à s. de farine de riz
- 1 c. à s. de purée d'amandes blanches

Dans une petite casserole, mélangez les jaunes d'œufs avec le sucre. Dans un bol, délayez une belle cuillerée de purée d'amandes en ajoutant peu à peu un bol d'eau tiède.
Versez la farine de riz dans le mélange des œufs, incorporez le lait d'amandes. Placez sur feu doux sans cesser de remuer jusqu'à épaississement.

*Conservez les blancs pour la recette suivante...

Fond de tarte macarons

Pour utiliser les blancs d'œufs !

- 2 blancs d'œufs
- 10 c. à s. de poudre d'amandes complètes
- 5 c. à s. de sirop d'agave (ou du miel)

Mélangez les blancs d'œufs avec une dizaine de cuillerées de poudre d'amandes pour obtenir une pâte semi-liquide, ajoutez le sirop d'agave. Versez dans un moule à tarte (diamètre 20 cm) huilé, enfournez 10 minutes à thermostat 9 ou versez la pâte dans des petits moules à tartelettes. (voir suggestion de garniture ci-dessous : tarte aux fraises, marrons, chocolat...).

Petits fours

Même base, résultat différent !
Préparez la pâte ci-dessus et versez-la dans des minis moules en papier, piquez de quelques amandes entières, de raisins secs, de pistaches, d'une demi datte, d'un carré de chocolat etc... enfournez 5 minutes. Décorez éventuellement avec un peu de miel.

Des idées de garniture pour le fond de tarte macarons :

La tarte au chocolat aux fruits secs

Réalisez une « ganache » au chocolat en faisant fondre 100 g de chocolat noir avec quelques cuillerées de lait de riz, d'amandes ou de soja. Étalez sur le fond de tarte macarons déjà cuit et refroidi. Saupoudrez de fruits secs concassés (pistaches, noisettes, amandes...).

La tarte ardéchoise

Étalez sur le fond de tarte macarons déjà cuit (et refroidi) une bonne crème de châtaignes sucrée et parfumée à la vanille. Nappez avec une sauce au chocolat (une tablette de chocolat noir que vous faites fondre avec 1 verre de lait de riz ou de soja). Laissez refroidir.

Tarte aux fraises, aux framboises, aux fruits rouges…

Sur le fond de tarte macarons déjà cuit et refroidi, étalez directement des demi-fraises ou des framboises, nappez avec du sirop d'agave. Vous pouvez aussi étaler un peu de crème pâtissière avant de déposer les fruits.

Macarons au chocolat

- 100 g de chocolat noir
- 100 g de sucre complet (ou du rapadura)
- 1 c. à s. d'huile de tournesol
- 100 g de poudre d'amandes
- 40 g d'écorces d'oranges confites (facultatif)
- 3 blancs d'œufs

Faites fondre le chocolat noir dans une casserole avec 2 cuillerées d'eau, le sucre et l'huile. Éteignez le feu quand vous avez obtenu un mélange bien lisse, ajoutez alors la poudre d'amandes et l'écorce d'orange en petits dés.
Montez les blancs en neige. Incorporez-les à la pâte. Versez dans des petites caissettes en papier ou dans des petits moules à gâteaux ronds. Enfournez à thermostat 9, les gâteaux sont à surveiller, leur cuisson varie entre 7 et 15 minutes selon la contenance des moules.

Le clafoutis tout prunes

Une pâte de base à la poudre d'amandes complètes qu'il suffit de décliner selon les fruits de saison : raisins, abricots, poires...

- **1 verre de poudre d'amandes complètes**
- **1 demi-verre de sucre complet**
- **1 demi-verre de farine riz**
- **1 verre de lait de riz**
- **4 œufs**
- **2 bols de prunes, mirabelles...**

Dans un compotier, mélangez la poudre d'amandes, le sucre, la farine, ajoutez les œufs entiers et délayez avec le lait de riz. Dans un moule à manqué huilé, étalez les prunes dénoyautées coupées en deux, versez la pâte par dessus et enfournez aussitôt à thermostat 9 pendant 25 minutes.

Un crumble aux fruits

- 1 bol de poudre d'amandes
- 1 tasse de sucre complet
- 1 c. à c. de cannelle en poudre
- 2 bols de compote (abricots, pommes, pommes-poires, quetsches...)

Étalez la compote dans un plat à four huilé. Mélangez la poudre d'amandes avec le sucre et la cannelle, saupoudrez la surface du plat. Enfournez à thermostat 7 pendant 20 minutes en surveillant que le crumble ne grille pas. Vous pouvez aussi faire « confire » votre compote avant, en la plaçant au four une petite heure à thermostat 6, elle va réduire et se caraméliser. Étalez ensuite le mélange à la poudre d'amandes, enfournez pour 15 minutes.

La châtaigne

La châtaigne offre beaucoup de possibilités culinaires. Au naturel, on la trouve sous une forme très facile à utiliser : déjà cuite et sous vide. Ainsi préparée vous la rajouterez à des potées de légumes, des soupes, des gratins...

La farine de châtaignes permet de donner de l'onctuosité aux soupes, de préparer une délicieuse « crème anglaise », de confectionner crêpes et clafoutis... Elle mérite souvent d'être tamisée car elle est un peu grumeleuse.

La purée de châtaignes, au naturel, servira de base pour confectionner terrines, pâtés végétaux, farces, soufflés... sucrée, elle vous permettra de réaliser des gâteaux fondants, des soufflés de fêtes, des crèmes dessert...

Les flocons de châtaignes toastés cuisent en dix minutes, vous pourrez les rajouter dans le bouillon d'une soupe de légumes. Ils vous permettront aussi de réaliser des flans, des terrines aux légumes.
Une solution sympathique pour le petit déjeuner : le « porridge » de châtaignes !
À base de châtaignes, on trouve également le « lait ». C'est en général une préparation instantanée à mélanger avec de l'eau. Elle permet de faire des flans, des clafoutis...

Châtaignes et soupes

Soupe à la farine de châtaignes

Toute soupe de légumes pourra être finement veloutée grâce à quelques cuillerées de farine de châtaignes.
La base étant d'1 cuillerée de farine de châtaignes pour 1 verre de liquide.
Après avoir délayé la farine de châtaignes avec de l'eau, du bouillon de légumes, du lait de riz, de soja ; faites épaissir sur feu doux une dizaine de minutes. Salez et poivrez.
Du thym, un peu de curry ou de safran, des dés de légumes, des champignons sautés, des graines germées... viendront apporter une note différente à chaque réalisation.

Velouté de châtaignes aux oignons

- 3 oignons jaunes
- 2 c. à s. d'huile d'olive
- 1 verre d'eau ou de lait de riz
- 5 c. à s. de farine de châtaignes
- thym, sel, poivre

Épluchez et détaillez les oignons en lamelles, faites-les cuire à l'étouffée avec l'huile d'olive. Salez, poivrez.
Délayez la farine de châtaignes avec 5 verres d'eau, salez, poivrez, émiettez du thym. Faites épaissir sur feu doux une dizaine de minutes.
Quand les oignons sont fondants, ajoutez le lait de riz et mixez.
Ajoutez cette sauce au velouté de châtaignes.

Soupe à la purée de châtaignes

- 3 carottes
- 2 poireaux (ou 2 courgettes pour la version été !)
- 1 oignon
- 1 morceau de céleri-rave ou 1 morceau de courge
- 1 demi-pot de 370 g de purée de châtaignes au naturel
- sel, poivre, 2 c. à s. d'huile d'olive

Épluchez et détaillez tous les légumes en petits dés. Placez-les dans une cocotte à fond épais, couvrez d'eau. Quand les légumes sont cuits, salez, poivrez. Délayez quelques cuillerées de purée avec du bouillon, mélangez avec la soupe. Versez un filet d'une belle huile d'olive.
Variante :
Mixez tous les légumes avec la purée de châtaignes.

Châtaignes et terrines, soufflés, crêpes

Pâte à crêpes

Cette pâte ne nécessite pas forcément un temps de repos, les crêpes à la farine de châtaignes sont moelleuses et très goûteuses. Version salée, vous les farcirez de légumes cuits à l'étouffée ou en mousseline, de tofu écrasé aux herbes... ou simplement tartinées d'une purée d'oléagineux.

Proportions pour une demi-douzaine de crêpes
- 1 verre de farine de châtaignes
- 1 verre et demi de lait de riz
- 1 œuf

Tamisez la farine au travers d'une passoire puis délayez avec l'œuf en ajoutant le lait végétal peu à peu et une pincée de sel. Huilez une poêle et quand elle est bien chaude, versez une louche de pâte.

Terrine de légumes à la châtaigne

Elle sera consommée froide pour un en-cas à emporter, chaude en entrée avec une petite sauce*, en cubes pour l'apéritif...

- 1 bol de légumes cuits (céleri rave, carottes, oignons)
- 1 demi-pot de purée de châtaignes (150 g)
- sel, poivre
- 2 œufs
- 1 c. à s. de sauce de soja (facultatif)

Mélangez la purée de châtaignes avec les œufs entiers, incorporez les légumes cuits coupés en dés, salez, poivrez. Rajoutez éventuellement un peu de sauce de soja.
Remplissez des ramequins huilés ou un petit moule à cake. Enfournez pour 20 minutes à thermostat 9.

* voir la recette de la sauce chaude à l'amande en page 25

Soufflé d'automne

Une recette qui permet d'éviter de préparer une béchamel.

- 1 pot de purée de châtaignes au naturel (370 g)
- 4 œufs
- sel, poivre
- graines de sésame ou noisettes hachées (facultatif)

Mélangez la purée avec les jaunes d'œufs, salez, poivrez. Montez les blancs d'œufs en neige et incorporez-les au mélange. Huilez un moule à manqué ou à bords hauts, versez la préparation. Saupoudrez de graines de sésame ou de noisettes hachées. Enfournez à thermostat 9 pendant 20 à 25 minutes.

Variante :
Vous pouvez rajouter une tasse de petits légumes ou de quinoa déjà cuits.

Cake de légumes aux châtaignes

À servir en tranches pour une délicieuse entrée, éventuellement nappée d'une crème soja aux 5 parfums (voir page 107).

- 1 tasse de flocons de châtaignes toastés
- 1 bol de légumes cuits (dés de carottes, céleri, poivrons rouges...)
- 1 tasse de bouillon de légumes (ou du lait végétal)
- 2 œufs
- sel, poivre
- 1 pincée du mélange d'épices 5 parfums

Mélangez les flocons de châtaignes avec les légumes cuits, couvrez avec le bouillon de légumes et incorporez les œufs. Salez, poivrez, ajoutez une pincée de 5 parfums et versez dans un moule à cake huilé. Enfournez pour 25 à 35 minutes à thermostat 8. Démoulez pour servir aussi bien chaud que froid.

Cette préparation peut également se cuire au bain-marie dans le légumier d'une cocotte à fond épais.

Châtaignes et desserts

Mousseux à la compote pommes - châtaignes

À la place du parfum de l'huile essentielle d'orange, vous pouvez rajouter les grains d'une gousse de vanille.

- 1 pot de compote pommes-châtaignes (370 g)
- 4 œufs
- 5 gouttes d'huile essentielle d'orange

Coulis de chocolat :
- 100 g de chocolat noir
- 1 demi-verre de lait de riz
- 3 gouttes d'huile essentielle d'orange

Versez la compote dans un saladier, ajoutez les jaunes d'œufs, l'huile essentielle. Incorporez les blancs d'œufs battus en neige. Versez dans un moule à cake huilé et faites cuire 20 minutes au four à thermostat 8. Le gâteau va doubler de volume. Comme il est soufflé, il ne se démoule pas forcément facilement, mais on peut couper les tranches dans le plat ou préférer une cuisson dans des ramequins individuels.
Faites fondre le chocolat avec le lait de riz additionné de quelques gouttes d'huile essentielle d'orange.
Nappez le fond d'assiette de sauce au chocolat, déposez par dessus deux tranches de mousseux et régalez-vous !

Pudding de châtaignes au chocolat

- 50 g de chocolat noir
- 1 demi-litre de lait de riz
- 1 verre de farine de châtaignes
- 2 yaourts de soja nature
- 3 œufs
- 1 verre de sucre de canne complet

Sur feu doux, faites fondre le chocolat dans le lait de riz.
Délayez la farine de châtaignes avec la moitié du lait de riz, incorporez le yaourt de soja, les œufs entiers et le sucre. Mélangez bien et versez dans un moule à manqué huilé. Placez au four à thermostat 8 pendant 20 minutes.

Pâte à crêpes

Inutile de sucrer la pâte, la farine de châtaignes donne une saveur toute douce qui se marie bien avec les garnitures de dessert : purées de fruits, compote, coulis de chocolat, noisettes hachées, miel, amandes, banane grillée...

Proportions pour une demi-douzaine de crêpes
- 1 verre de farine de châtaignes
- 1 verre et demi de lait de riz
- 1 œuf

Tamisez la farine au travers d'une passoire puis délayez avec l'œuf en ajoutant le lait végétal peu à peu. Huilez une poêle et quand elle est bien chaude, versez une louche de pâte.

Pâte à biscuits... et à tarte

Une pâte qui devient plutôt sèche et croquante à la cuisson.

- 200 g de farine de châtaignes
- 1 demi-verre de lait de riz
- 2 c. à c. de poudre levante

Mélangez la farine et la poudre levante avec environ un demi-verre de lait de riz pour obtenir une pâte de consistance souple. Pétrissez et formez une boule.
Pour une pâte à tarte, étalez aux doigts pour foncer votre moule. Disposez votre garniture : crème aux amandes, pommes, poires...
Pour des biscuits, façonner des boules de la taille d'une noix entre vos mains et aplatissez-les entre les deux paumes. Posez ces galettes sur une plaque à four, déposez sur chacune d'entre elles une pincée de sucre complet. Enfournez à thermostat 8 pendant 15 minutes.

Galette vite faite

- 2 blancs d'œufs
- 4 c. à s. de sucre de canne complet
- 5 c. à s. de farine de châtaignes
- 1 c. à s. d'huile d'olive
- 1 poignée de raisins secs

Délayez les blancs d'œufs avec le sucre, la farine de châtaignes, l'huile d'olive, ajoutez les raisins secs. Versez dans un plat rectangulaire huilé en une couche mince. Mettez au four 10 minutes et coupez en morceaux.
À servir pour le goûter, en accompagnement d'une compote au dessert...

Délicieux aux châtaignes

*Un vrai dessert, rapide et facile à faire, délicieux.
On le déguste tiède en le coupant à la spatule dans le plat. Ou bien froid accompagné d'une crème anglaise.*

- 1 pot de 340 g de crème de châtaignes (sucrée)
- 2 œufs
- 1 c. à s. de farine de riz
- 4 carrés de chocolat

Mélangez la crème de châtaignes avec les œufs entiers, saupoudrez de farine de riz. Remuez vivement. Huilez un moule à tarte (20 cm de diamètre) et versez la préparation.
Placez au four à thermostat 9 pendant 15 à 20 minutes.
Au sortir du four, démoulez ou non et posez les carrés de chocolat sur le gâteau chaud. Faites-les fondre en les glissant sur la surface brûlante, afin d'obtenir un glaçage vite fait.

Clafoutis aux pommes et à la farine de châtaignes

- 4 pommes
- 4 œufs
- 200 g de farine de châtaignes
- 1 demi-litre de lait végétal (soja, riz ou amandes)
- 3 c. à s. de sucre de canne complet

Huilez un moule à manqué et disposez les pommes coupées en tranches très fines. Battez les œufs avec le sucre, ajoutez la farine de châtaignes tamisée tout en incorporant le lait végétal.
Versez sur les pommes et enfournez 40 minutes à thermostat 9.

Crème fondante chocolat

Une crème vite préparée.

- 50 g de chocolat noir à 61 % cacao
- 1 tiers de verre de lait de riz
- 2 c. à s. de sucre de canne complet
- 1 demi-gousse de vanille
- 1 pot de purée de châtaignes au naturel (370 g)

Sur feu doux, faites fondre le chocolat noir avec le lait de riz, le sucre, la purée de châtaignes. Éteignez le feu. Remuez bien et incorporez les grains de vanille (fendez la gousse en deux dans le sens de la longueur et grattez avec la pointe d'un couteau). Versez dans des ramequins ou des tasses à moka et placez au frigo quelques heures.
Ce dessert se déguste bien frais.

Crème anglaise à la châtaigne

Le parfum d'orange se marie bien avec la douceur de la châtaigne.

- 2 jaunes d'œufs
- 4 c. à s. de sucre complet
- 4 c. à s. de farine de châtaignes
- 3 verres de lait de riz
- 2 gouttes d'huile essentielle d'orange

Mélangez les œufs avec le sucre, ajoutez la farine de châtaignes et incorporez deux verres de lait de riz. Placez sur feu doux et remuez jusqu'à ce que la crème nappe la cuillère, ajoutez alors le troisième verre de lait et l'huile essentielle d'orange.
Ôtez du feu et laissez refroidir.

Gâteau châtaignes choco

- 200 g de chocolat
- 1 pot de purée de châtaignes déjà sucrée (370 g)
- 2 œufs
- 4 c. à s. de farine de riz

Faites fondre le chocolat avec quelques cuillerées d'eau. Hors du feu incorporez la purée de châtaignes, les œufs entiers et la farine de riz. Versez dans un moule à tarte ou dans des petits moules à tartelettes. Enfournez à thermostat 7 pendant 15 minutes.

Gâteau du châtaignier

Un gâteau tout crémeux et parfumé. Vous pourrez aussi lui rajouter de l'orange confite en petits dés (2 cuillerées à soupe).

- 4 œufs
- 10 c. à s. de miel liquide
- 6 c. à s. de farine de châtaignes
- 6 c. à s. d'huile d'olive
- 1 pot de 370 g de purée de châtaignes nature

Mélangez la purée de châtaignes avec le miel (s'il s'agit d'un miel épais, faites-le fondre doucement au bain-marie), ajoutez la farine de châtaignes puis les œufs et l'huile. Versez dans un moule à cake huilé. Enfournez à thermostat 8 pendant 40 minutes.

Le « porridge » de châtaignes

Un petit déjeuner prêt en 10 minutes.

Faites cuire une tasse de flocons de châtaignes toastés dans deux tasses d'eau, rajoutez une cuillerée à café de poudre de cacao, deux cuillerées à soupe de sucre de canne complet. En fin de cuisson, rajoutez une tasse du lait végétal de votre choix (de riz, amandes, soja…).

Manioc (tapioca)

Le tapioca se verse en pluie dans un liquide et cuit très rapidement, les grains deviennent translucides et épaississent la préparation.
Pour un **potage** : rajoutez une ou deux cuillerées dans un bouillon chaud, laissez mijoter juste quelques instants avant d'arrêter la cuisson. Vous mettrez du tapioca dans un velouté de tomates, une soupe d'inspiration thaïe avec du lait de coco, des petits légumes émincés ou encore dans un bouillon de persil ou d'ortie...
Simplement cuit dans un lait végétal et sucré, le tapioca permet de faire des desserts légers avec une consistance qui va de la crème au flan.

MANIOC

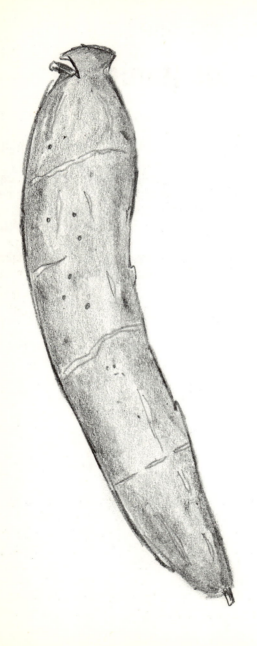

Tapioca et crèmes dessert

Dessert à la crème de coco

La crème de coco parfume et donne de l'onctuosité à ce dessert.

- 1 verre de tapioca
- 3 verres de lait de riz
- 4 c. à s. de sucre rapadura
- 1 gousse de vanille
- 1 brick de crème de coco (200 ml)

Dans une casserole, versez le lait de riz et le tapioca. Mélangez sur feu doux. Ajoutez le sucre et la gousse de vanille fendue en deux dans le sens de la longueur. Remuez régulièrement jusqu'à épaississement. Incorporez la crème de coco en plusieurs fois. Ôtez la gousse de vanille. Versez dans des ramequins et servez frais.

Tapioca à la vanille

- 1 verre de tapioca
- 4 verres de lait de riz
- 4 c. à s. de sucre complet
- 1 bâton de vanille
- coulis de framboises ou confiture de fraises (facultatif)

Dans une casserole, versez le lait de riz et le tapioca. Mélangez sur feu doux. Ajoutez le sucre et la gousse de vanille fendue en deux dans le sens de la longueur. Remuez régulièrement jusqu'à épaississement. Ôtez la gousse de vanille et versez dans des ramequins. Vous pouvez réduire la proportion de sucre si vous utilisez un lait déjà vanillé ou même chocolaté. La préparation de tapioca à la vanille pourra être versée sur un coulis de framboises ou une confiture de fraises (2 cuillerées à soupe dans le fond de chaque ramequin).

Tapioca au chocolat

- 1 verre de tapioca
- 4 verres de lait de soja
- 2 c. à s. de sucre complet
- 4 carrés de chocolat (+ 2 pour le décor)

Dans une casserole, versez le lait de soja et le tapioca. Mélangez sur feu doux. Ajoutez le sucre et remuez régulièrement jusqu'à épaississement. Ajoutez alors les carrés de chocolat dans le mélange encore chaud. Versez dans des ramequins, placez au frais. Mettez également les deux carrés de chocolat au frigo avant de les râper dans un mini hachoir. Saupoudrez les desserts avec le chocolat râpé.

Millet

On trouve la « semoule de millet décortiqué » qui cuit dans un liquide en une vingtaine de minutes. En version salée, vous l'assaisonnerez de muscade, de curry, de safran… d'un coulis de tomates et l'accompagnerez comme un couscous…. En version sucrée, vous l'enrichirez de raisins secs, de noix, amandes, noisettes, fruits confits, abricots secs, pruneaux…
La semoule de millet permet également de réaliser des soufflés (recette page 46) qui n'ont pas besoin d'une base de béchamel (sauce réalisée traditionnellement à base de farine).
Les flocons de millet se rajoutent dans la soupe pour lui donner une consistance. Vous pouvez aussi réaliser des galettes végétales : mélangés à des légumes, ils apportent du moelleux et une texture un peu semblable à la pomme de terre.

Millet et soupes

Soupe de légumes

- 4 carottes (Ou poireaux, courgettes, courge…)
- 1 oignon
- 1 poignée de flocons de millet, sel, poivre

Épluchez les carottes et passez-les au mixer avec l'oignon ou râpez-les. Versez-les dans une cocotte à fond épais et couvrez largement d'eau, dès que l'eau est chaude ajoutez les flocons. Comptez une quinzaine de minutes de cuisson, salez et poivrez.
Le fait de râper les légumes permet d'uniformiser le temps de cuisson avec les flocons.

Millet et légumes

Râpée de courge

- 400 g de courge
- 1 verre de flocons de millet
- sel, poivre, curcuma
- quelques cuillerées de lait de soja
- une dizaine d'olives noires

Faites cuire la courge coupée en cubes à la vapeur. Ajoutez les flocons de millet en écrasant grossièrement la pulpe de courge, salez, poivrez. Rajoutez le curcuma et quelques cuillerées de lait de soja pour obtenir une consistance de pâte épaisse. Dénoyautez et coupez les olives en petits bouts. Faites chauffer une poêle enduite d'huile d'olive et versez la pâte pour former une galette.

Petits flans ratatouille

La ratatouille allège la préparation au millet, un plat facile à faire et toujours apprécié !

- 1 verre de semoule de millet décortiqué
- 4 verres de lait de riz (ou du bouillon de légumes)
- sel, poivre, muscade
- 2 œufs
- 1 bol de ratatouille
- huile d'olive, basilic frais.

Mélangez la semoule avec le lait de riz et faites épaissir en tournant sur feu doux. Salez, poivrez. Ajoutez les œufs entiers.
Huilez 6 ramequins et versez quelques cuillerées de ratatouille, couvrez de millet. Enfournez à thermostat 8 pendant 15 minutes. Décorez de basilic haché.
Pour la ratatouille, faites cuire à l'étouffée dans quelques cuillerées d'huile d'olive, courgettes, aubergines, poivrons, coupés en petits dés avec des olives noires, des pignons… afin d'obtenir une compotée épaisse qui ne rend pas de jus.

Millet et soufflés

Soufflé de millet

- 1 verre de semoule de millet décortiqué
- 4 verres de lait de riz
- sel, poivre, muscade
- 2 œufs

Mélangez la semoule avec le lait de riz et faites épaissir en tournant sur feu doux. Salez, poivrez. Hors du feu, ajoutez les jaunes d'œufs, puis les blancs battus en neige. Huilez un moule à cake ou à manqué et versez l'appareil à soufflé.
Pensez à utiliser cette base pour l'enrichir d'oignons émincés et revenus quelques instants à la poêle, d'une poignée de carotte râpée... ou simplement d'un épice comme une pincée de curry, de safran... Cette formule évite d'avoir besoin d'une base de béchamel (et donc d'utiliser traditionnellement la farine).

Millet et desserts

Soufflé sucré

- 1 verre de semoule de millet décortiqué
- 4 verres de lait de riz
- 4 c. à s. de sucre de canne complet
- 2 œufs
- faire un caramel ou napper de sirop d'agave

Mélangez la semoule avec le lait de riz et le sucre, faites épaissir en tournant sur feu doux (10 à 15 minutes). Hors du feu, ajoutez les jaunes d'œufs, puis les blancs battus en neige. Huilez (et enduisez de caramel) un moule à manqué et versez l'appareil à soufflé.

Si vous ne faites pas de caramel, nappez dans l'assiette de sirop d'agave, de miel ou accompagnez ce dessert d'une compote d'abricots, d'une confiture de framboises, de fraises...

Pudding de millet

Le sucre intégral apporte son parfum à cette préparation, mais vous pouvez également faire un caramel dans le fond du plat ou napper de sirop d'agave, de miel...

- 1 verre de semoule de millet décortiqué
- 4 verres de lait de riz
- 4 c. à s. de sucre complet (intégral Malawie)
- 2 œufs
- 1 pomme
- 1 poignée de raisins secs
- une 1/2 gousse de vanille

Mélangez la semoule avec le lait de riz et faites mijoter sur feu doux une dizaine de minutes. Remuez fréquemment. Laissez gonfler hors du feu encore 5 minutes puis ajoutez les œufs entiers et la pomme coupée en lamelles. Grattez avec une pointe de couteau la demi-gousse de vanille fendue dans le sens de la longueur pour en recueillir les grains.
Mélangez et versez dans un moule à cake ou à manqué huilé. Placez au four à thermostat 8 pendant 20 minutes.

Accompagnez ce dessert d'un petit coulis de fruits (rouges ou abricots). Version exotique : à la place de la pomme mettez une banane, et servez avec une purée de mangue sucrée au sirop d'agave (se trouve tout prêt dans le commerce) un délice !

Noisettes

Hachées, on les incorpore dans les galettes végétales, les gâteaux, les tartes et desserts.
En poudre, comme avec l'amande, vous pourrez réaliser des macarons, des petits biscuits sans farine…

Encore rare à trouver, il existe de la farine de noisettes, semble-t-il une spécialité corse. Sous cette forme on peut encore décliner de nombreuses recettes : crèmes, crêpes…

La purée de noisettes se tartine, remplace l'ajout d'un corps gras dans une soupe et permet de réaliser des sauces. Le petit goût noisetté s'accommode bien avec les légumes. En délayant 1 cuillerée à soupe de purée de noisettes avec un bol d'eau tiède – comme avec la purée d'amandes – vous obtiendrez du **lait de noisettes**…

Purée de noisettes et sauces

Crème noisettée

Une sauce qui viendra napper des crudités (carottes, betteraves..), des légumes vapeur (chou-fleur, poireaux…) et même des galettes végétales.

- 4 verres de lait de soja
- 4 c. à s. de crème de riz
- 1 c. à s. de purée de noisettes nature
- sel, poivre

Délayez la crème de riz avec le lait de soja, salez, poivrez et faites épaissir sur feu doux. Ajoutez la cuillerée de purée de noisettes pour qu'elle « fonde » dans la sauce.

Noisettes et galettes

Les pavés aux flocons

- 100 g de flocons de riz
- 2 c. à s. de farine de noisettes
- 2 c. à s. d'amandes effilées
- 1 poignée de cerneaux de noix
- 1 verre de lait de soja
- 1 œuf
- sel, poivre

Mélangez les flocons de riz avec la farine de noisettes, les amandes effilées, les noix, ajoutez environ un verre de lait de soja, laissez gonfler un quart d'heure. Ajoutez l'œuf, salez, poivrez. Dans une poêle huilée, formez 4 tas que vous aplatissez à la spatule, faites cuire à feu doux en couvrant.

Noisettes et pâtes à crêpes

Blinis à la farine de noisettes

- 6 c. à s. de farine de noisettes
- 1 c. à c. de sel
- 1 c. à s. d'huile de tournesol
- 2 œufs
- 1 verre de lait de soja

Versez la farine de noisettes et le sel, ajoutez l'huile, les œufs entiers et le lait de soja. Délayez.
Faites chauffer une grande poêle, huilez et versez plusieurs petites louches de pâte pour former de minis crêpes.

Crêpes sucrées à la farine de noisettes

Une recette pour le petit déjeuner !

Pour 1 œuf :
- 3 c. à s. de farine de noisettes
- 1 pincée de sel
- 1 c. à c. d'huile de tournesol
- 1 c. à s. de sucre de canne complet
- 1 demi-verre de lait de soja

Versez la farine de noisettes et le sel, ajoutez l'huile, le sucre et l'œuf entier, délayez avec le lait de soja. Versez une louche de pâte dans une poêle bien chaude et huilée.

Noisettes et pâtisseries

Un fond de tarte noisetté

- 2 tasses de noisettes en poudre
- 2 œufs
- sirop d'agave ou sirop de riz
- 2 pommes ou 2 poires

Mélangez la poudre de noisettes avec les blancs d'œufs, ajoutez 4 cuillerées à soupe de sirop d'agave. Huilez un moule à tarte ou 4 moules à tartelettes, versez le mélange, tassez bien sans faire de rebord.
Disposez des tranches de pommes ou de poires. Mélangez les jaunes d'œufs avec 2 cuillerées à soupe de sirop d'agave, versez sur les tranches de fruits. Placez au four 15 minutes.

Petits fours aux noisettes

Vous réaliserez sur la même base de recette d'autres petits gâteaux en utilisant des noix à la place des noisettes.

- 2 tasses de noisettes en poudre
- 2 œufs
- sirop d'agave ou sirop de riz
- pâte à tartiner noisettes-chocolat ou purée sucrée de noisettes
- quelques noisettes entières

Mélangez la poudre de noisettes avec les œufs entiers, ajoutez 5 cuillerées à soupe de sirop d'agave. Versez dans de petites caissettes en papier et mettez au four 5 à 10 minutes à thermostat 9.
Déposez une petite cuillère à café de pâte à tartiner sur chaque petit gâteau, décorez d'une noisette entière.

Noix de cajou

On les rajoute entières dans des sautés de légumes (en fin de cuisson), elles se marient bien avec le sucré-salé, dans un « couscous » de quinoa avec des raisins secs par exemple.

La noix de cajou, comme l'amande, la noisette ou le sésame se trouve sous la forme de purée. Elle est excellente simplement tartinée sur une crêpe ou pour donner de l'onctuosité à une purée de légumes, une soupe… délayée dans un peu d'eau pour une sauce crudités… mais elle permet aussi de faire une sauce liante pour des gratins de légumes ce qui donne une autre façon de les accommoder sans utiliser une béchamel et donc de la farine.

Noix de cajou et gratins

Gratin de courge

Ou de potimarron, de butternut, de courgettes...

- 1 belle tranche de courge
- persil
- 1 oignon
- 2 ou 3 c. à s. de purée de noix de cajou

Choisissez une cuisson à l'étouffée ou à la vapeur pour faire cuire la courge coupée en petits morceaux avec l'oignon en lamelles. Après une quinzaine de minutes de cuisson, salez, poivrez et remuez vigoureusement pour écraser les morceaux devenus tendres. Ajoutez la purée de noix de cajou que vous délayez grâce au jus de la courge. Vous allez obtenir une purée un peu liquide que vous versez dans un plat à four huilé pour faire gratiner quelques instants au four.

D'autres légumes pourront ainsi être enrichis de cette sauce, la purée de noix de cajou donne un liant et se marie très bien avec les courgettes ou le potimarron (que vous ferez cuire de la même façon que la courge). Il n'est pas nécessaire de faire gratiner, vous pouvez simplement servir ces légumes ainsi préparés en « purée » d'accompagnement.

Purée de cajou, sauce et soupe
Velouté de fanes de radis

La purée de noix de cajou rehausse le goût de ce velouté et les flocons de riz (une tasse de riz déjà cuit fera aussi très bien) lui donnent légèreté et consistance.

- 1 belle botte de fanes de radis
- 1 c. à s. d'huile d'olive
- 1 demi-litre de bouillon de légumes
- 1 poignée de flocons de riz
- 1 belle c. à s. de purée de noix de cajou
- poivre, sel

Lavez les fanes de radis, puis faites-les revenir à sec dans une grande casserole. Versez le bouillon de légumes et les flocons de riz. Laissez mijoter une dizaine de minutes. Mixez en rajoutant la purée de noix de cajou, salez, poivrez.

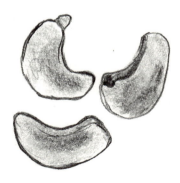

Sauce cajou

Pour les salades de betteraves, chou-fleur, avocat ou poireaux... ou bien à rajouter dans une soupe épaisse de légumes comme crème végétale.

- 1 c. à s. de purée de noix de cajou
- 4 c. à s. d'eau
- sel, poivre

Délayez la purée en incorporant l'eau tiède cuillerée par cuillerée. Salez, poivrez.

Noix de coco

Râpée, elle permet de réaliser des biscuits, des petits gâteaux sans farine. On trouve de la crème de coco au naturel conditionnée en petite brick de 200 ml, elle parfume et donne beaucoup d'onctuosité à des crèmes dessert (tapioca, semoule de riz…).
En version salée, la crème de coco se rajoute dans les petits sautés de légumes ou dans des potages pour leur donner une note exotique. Ce sera par exemple, un bouillon bien épicé avec des petits légumes émincés finement (carottes, courgettes, poivron rouge) auquel vous rajouterez des vermicelles chinois (à base de riz ou de farine de haricots secs) et quelques cuillerées de crème de coco.
Plus liquide, le lait de coco permet de confectionner une délicieuse pâte à crêpes avec de la farine de riz.

Noix de coco et pâte à crêpes

Pâte à crêpes au lait de coco

Une pâte qui donne des crêpes moelleuses : délicieuses natures ou à savourer avec du chocolat fondu, un voile de cannelle, ou une glace maison au lait de soja et à la vanille...

- 2 œufs
- 6 c. à s. de farine de riz
- 1 verre de boisson à la noix de coco (eau, jus de coco, sucre de canne complet) ou 1 verre de lait de coco et 2 c. à s. de sucre de canne complet.

Délayez les œufs avec la farine de riz et la boisson à la noix de coco. Si vous laissez reposer un peu la pâte, rallongez-la selon sa consistance avec un peu plus de lait de coco.

Noix de coco et gourmandises

Tartelettes nectarine ou banane - coco

Pour 2 tartelettes :
- 1 tasse de noix de coco râpée
- 1 œuf
- 2 c. à s. de sirop de riz
- 1 nectarine ou 1 banane

Mélangez la noix de coco et le blanc d'œuf, ajoutez 1 cuillerée de sirop de riz. Huilez 2 moules à tartelettes, versez le mélange, tassez bien sans faire de rebord. Disposez de fines tranches de nectarines coupées finement (ou des rondelles de bananes). Mélangez le jaune d'œuf avec l'autre cuillerée de sirop de riz, versez sur les fruits. Mettez au four 15 minutes.

« Bonbons » au coco

Une gourmandise qui colle aux doigts ! Une recette qui vient de Thaïlande.

- 200 g de farine de riz
- 1 brick de crème de coco (200 ml)
- 1 gousse de vanille
- 100 g de sucre complet

Dans un petit bol, délayez le sucre avec 6 cuillerées à soupe de lait de coco.
Mélangez la farine de riz avec tout le reste du lait de coco, Fendez la gousse de vanille en deux dans le sens de la longueur et grattez de la pointe d'un couteau pour en recueillir les grains. Ajoutez-les à la pâte de farine de riz. Remplissez des petites caissettes en papier avec une cuillerée à café de cette pâte. Disposez-les sur une grande plaque à four. Sur chaque petit gâteau versez une petite cuillerée du mélange sucre-lait de coco. Placez au four une dizaine de minutes à thermostat 8. En cuisant ces « bonbons » de riz vont s'enrober d'un caramel noix de coco. Laissez refroidir avant de goûter !

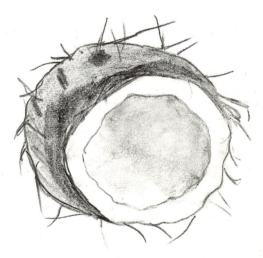

Patate douce

La variété de couleur rose à chair orange correspond aussi bien à une utilisation salée que sucrée, sa texture est fondante et plus légère que la variété blanche. Vous pourrez en faire des soupes épaisses à la saveur douce, coupée en morceaux, vous la rajouterez dans les légumes d'un couscous de quinoa par exemple, cuite en tranches à la vapeur vous la servirez avec un « beurre » végétal (purée de noix de cajou ou de noisettes)... Cuisinée un peu comme la courge, vous en ferez aussi bien des gratins (en écrasant les morceaux cuits avec une sauce) que des flans salés ou sucrés ou même un gâteau comme on le fait avec la carotte.
Très différente, la variété blanche a une chair farineuse qui permet de réaliser des puddings et des fondants pour les desserts dont la texture est proche de la châtaigne. À goûter absolument !
Le « fondant aux patates douces » (recette page 63) nappé de chocolat peut être servi avec une marmelade d'orange. Pour Noël, déposez trois clémentines entières confites et deux gousses de vanille sur son glaçage pour une petite composition de fête !
Préparée sous forme de crème sucrée, la patate douce est aussi très appréciée des enfants.

Patate douce en version salée
Croque-monsieur de patates douces

- 3 patates douces à chair orange
- 100 g de tofu nature
- 1 petite c. à c. de poudre de 4 épices
- sel, poivre
- 2 c. à s. d'huile de tournesol
- 1 oignon, 1 c. à s. d'huile de tournesol, 6 c. à s. de sauce de soja

Épluchez les patates douces et coupez-les en tranches épaisses (d'un bon centimètre), placez-les dans le panier pour une cuisson à la vapeur. Sur feu doux, réchauffez le tofu que vous écrasez à la fourchette en incorporant le 4 épices, salez, poivrez.
Vérifiez la cuisson des patates douces en les piquant avec la pointe d'un couteau, elles ne doivent pas être trop cuites pour ne pas tomber en purée.
Faites revenir quelques minutes un oignon haché dans un peu d'huile, versez la sauce de soja, remuez bien, éteignez le feu.
Montez les croque-monsieur : entre deux rondelles de patate douce, déposez une cuillerée de tofu épicé. Sur chaque croque-monsieur versez un peu de sauce soja – oignon.

Patate douce et desserts
Crème vanillée

- 2 grosses patates douces blanches (600g)
- 150 g de sucre de canne complet
- 1 grand verre de lait de riz à la vanille
- 1 bâton de vanille
- 4 gouttes d'huile essentielle d'orange (facultatif)

Épluchez (ôtez les bouts s'ils sont fibreux) et coupez les patates douces en morceaux. Faites-les cuire à la vapeur. Puis mixez avec le sucre de canne complet, incorporez le lait de riz pour obtenir une crème très onctueuse.
Parfumez avec de la vanille, avec l'huile essentielle d'orange ou un peu de poudre de cacao.

Fondant aux patates douces

Digne d'un gâteau de Noël...

- 2 grosses patates douces blanches (600g)
- 150 g de sucre de canne complet
- 1 verre de lait de riz à la vanille
- 8 gouttes d'huile essentielle d'orange
- 3 œufs entiers
- 2 c. à s. d'écorces d'oranges confites
- 3 grosses c. à s. de raisins secs
- 1 bâton de vanille
- 4 gros carrés de chocolat noir (facultatif)

Épluchez (ôtez les bouts s'ils sont fibreux) et coupez les patates douces en morceaux. Faites-les cuire à la vapeur. Puis mixez avec le sucre de canne complet, incorporez le lait de riz pour obtenir une crème très onctueuse. Ajoutez l'huile essentielle d'orange, les œufs entiers, les dés d'écorces d'oranges confites et les raisins secs. Avec la pointe d'un couteau, grattez les grains d'une gousse de vanille fendue en deux dans le sens de la longueur.
Versez cette pâte bien mélangée dans un moule à manqué huilé (ce pudding ne se démoule pas). Placez au four à thermostat 7 pendant 35 minutes.
Au sortir du four, déposez les carrés de chocolat noir sur le gâteau en les déplaçant avec la pointe d'un couteau pour qu'ils fondent sur la surface chaude.

Décorez d'orange confite, pour Noël on peut aussi acheter de jolies clémentines entières confites et poser quelques bouts de bâton de vanille pour une petite composition de fête.

Pomme de terre

Des recettes autour des pommes de terre donnent l'occasion de réaliser des plats complets en ajoutant des ingrédients comme le tofu, les purées d'oléagineux (la purée d'amandes en particulier mélangée aux pommes de terre rend ce plat plus digeste)... Une recette de « plat unique » : la « blanquette » de tofu et légumes dont la sauce est réalisée avec de la crème de riz.
Cuite et mixée avec de l'huile d'olive, vous pouvez réaliser une sorte de « mayonnaise » entièrement végétale. Râpée, la pomme de terre permet de confectionner galettes ou grosses crêpes de légumes à cuire à la poêle ou au four. La pomme de terre râpée sera nature ou simplement mélangée avec de l'oignon ou un autre légume (carotte râpée, poireaux...).

Pomme de terre et gratin

Dauphinois léger

- 8 belles pommes de terre
- 2 poireaux
- 2 c. à s. d'huile d'olive
- 1 gousse d'ail
- sel, poivre
- 1 pot de crème de soja
- muscade

Épluchez et coupez les pommes de terre en tranches moyennement fines, posez-les dans le panier et faites-les cuire à la vapeur pendant 10 minutes.
Émincez les poireaux en fines lamelles, versez-les dans une sauteuse avec un peu d'eau et d'huile, l'ail écrasé, salez et poivrez. Laissez mijoter jusqu'à ce qu'ils soient fondants.
Huilez des petits poêlons individuels ou un plat à gratin, frottez avec une gousse d'ail.
Dès que les pommes de terre sont cuites disposez-en une couche, salez, poivrez, une cuillerée de crème de soja, déposez quelques lamelles de poireaux, une cuillerée de crème de soja... et terminez par les pommes de terre, salez, poivrez. Saupoudrez d'un peu de muscade, faites gratiner une dizaine de minutes.

Pomme de terre et plat unique

Blanquette de pommes de terre et tofu

- 6 pommes de terre, 1 oignon, 1 carotte
- 1 petit poireau
- 2 poignées de champignons de Paris
- 1 branche de thym, 1 feuille de laurier, 2 clous de girofle, huile d'olive

pour la sauce :
- 2 c. à s. de purée d'amandes
- 1 c. à s. de crème de riz
- 200 g de tofu fumé ou aux herbes
- sel et poivre

Épluchez et coupez les pommes de terre en cubes, mettez-les à cuire à la vapeur.
Détaillez l'oignon, la carotte et le poireau en rondelles et les champignons en quartiers. Dans une sauteuse, faites revenir les légumes dans un peu d'huile d'olive. Versez 2 verres d'eau et ajoutez le thym, le laurier et les clous de girofle. Laissez mijoter une dizaine de minutes.
Dans une casserole, délayez la purée d'amandes avec quelques cuillerées d'eau tiède et la crème de riz, incorporez le jus de cuisson des légumes et faites épaissir sur feu doux sans cesser de remuer. Salez, poivrez, ajoutez les légumes et le tofu coupé en dés.

Pâté fin de pommes de terre

Une « crème » à tartiner sur des rondelles de légumes crus : carottes, courgettes... Ou pour remplir des feuilles d'endives, version «barquette». À la place de l'oignon, vous pourrez varier en mettant un bol de champignons.

- **4 pommes de terre**
- **1 oignon**
- **1 feuille de laurier, sel, poivre**
- **1 c. à s. de purée d'amandes complètes**

Épluchez et faites cuire les pommes de terre en tranches à l'étouffée avec l'oignon émincé finement, 1 verre d'eau et le laurier. Quand les pommes de terre sont fondantes, réduisez en purée en conservant le jus de cuisson, incorporez la crème d'amandes, salez, poivrez. Réservez au frais dans une terrine.

Pistaches

Concassées et mélangées à des fruits secs, on les ajoute sur des compotes de fruits, des crèmes desserts au soja… sur une tarte au chocolat, aux pommes…
Vous les achèterez décortiquées et au naturel pour pouvoir les passer au robot et obtenir une poudre permettant de confectionner des pâtisseries au goût très apprécié des gourmands !
Pour accompagner un entremets, un gâteau de riz ou des macarons, préparez une sauce en mixant les pistaches avec un peu de sucre et du lait de soja (jusqu'à obtention de la consistance souhaitée).

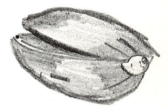

Pistaches et pâtisseries

Les macarons aux pistaches

Des petits gâteaux pour le goûter ou le dessert, faciles à faire. Une recette sans farine, pratique aussi pour utiliser les blancs d'œufs.

Pour 4 macarons :
- 100 g de pistaches
- 2 blancs d'œufs
- 4 c. à s. de sucre complet
- 50 g de chocolat noir

Mixez finement les pistaches, ajoutez les blancs d'œufs et le sucre. Mélangez bien.
Râpez ou mixez grossièrement les morceaux de chocolat noir, incorporez-les à la pâte.
Versez dans 4 grosses barquettes en papier. Placez dans le bas du four pendant 15 min à thermostat 8. S'ils ne dorent pas, l'intérieur sera plus moelleux, mais selon les goûts on peut les préférer croquants et les cuire plus longtemps.

Gâteau chocolat pistaches

Un excellent gâteau, une recette qui permet également d'utiliser les blancs d'œufs.

- 150 g de pistaches
- 100 g de sucre de canne complet mouture fine dit « sucre glace »
- 3 blancs d'œufs
- 100 g de chocolat noir 70 % cacao

Versez les pistaches dans le bol du robot pour les broyer en poudre fine. Ôtez la lame coupante et placez celle pour pétrir. Mélangez. Versez le sucre glace et les blancs d'œufs.
Faites fondre le chocolat avec deux cuillerées à soupe d'eau. Dès qu'il est fondu rajoutez-le à la pâte.
Versez dans un moule rectangulaire et enfournez à thermostat 7 pour une cuisson de 15 minutes. Découpez ensuite en losanges pour faire comme des brownies.

Variante pour jours de fête :
Versez dans un moule en forme de cœur, saupoudrez de cacao en poudre et, à l'aide d'un pochoir, décorez avec de la poudre de pistaches. Pour Pâques décorez d'œufs et de petits poissons en chocolat !

Pour utiliser les jaunes d'œuf, voir page 22 la recette de la crème pâtissière.

Quinoa

Les petites graines de quinoa cuisent rapidement et permettent de réaliser des couscous et des taboulés légers… on trouve le quinoa en flocons pour donner du corps au gratin de légumes, épaissir les potages…
Pour un **cake aux légumes**, vous mélangerez un bol de ratatouille ou de légumes cuits avec trois œufs entiers et trois cuillerées à soupe de flocons de quinoa.
La « crème », une farine précuite de quinoa, permet de faire des sauces, des crèmes dessert...
À noter aussi, des préparations de pâte à tartiner, vous trouverez ainsi le mélange quinoa – pruneaux – noisettes ou quinoa – châtaignes – chocolat – noix de coco… une formule complète à déguster au petit déjeuner.

Quinoa et soupes

Soupe aux dés de potimarron

- 1 potimarron (ou de la courge butternut...)
- 2 oignons
- 1 branche de céleri
- 1 bol de quinoa

Détaillez le potimarron et le céleri en petits dés, les oignons en fines lamelles, couvrez largement d'eau, ajoutez le quinoa. Faites cuire une quinzaine de minutes. Salez, poivrez.

Crème de quinoa aux légumes

- 3 courgettes, 1 oignon, 2 carottes
- 3 c. à s. de crème de quinoa
- 2 c. à s. d'huile d'olive
- 1 c. à s. de curcuma (ou du safran)
- sel, poivre

petite sauce :
- 1 yaourt de soja
- 1 c. à s. d'huile d'olive
- 1 c. à c. de l'épice de votre choix
- sel, poivre

Épluchez et détaillez les légumes en morceaux, couvrez avec 1 litre d'eau. Délayez dans un bol la crème de quinoa avec un peu de bouillon. Ajoutez-le à la soupe quand les légumes sont cuits, puis mixez le tout. Replacez sur le feu et faites épaissir quelques minutes. Ajoutez un filet d'huile d'olive et le curcuma. Servez avec la sauce : battez le yaourt avec l'huile d'olive, assaisonnez.
Dans chaque assiettée, déposer plusieurs petites cuillerées de crème. Donnez un tour de moulin à poivre.

Quinoa et légumes

Gratin de légumes

Sur la même base une version gratin ou soufflé au choix...

- 1 bol de quinoa cuit
- 2 bols de purée de légumes (aubergines, carottes, céleri-rave, courge...)
- 2 œufs entiers
  (ou pour un soufflé : 3 œufs dont les blancs seront montés en neige)

Après avoir fait cuire le quinoa, ajoutez-le à la purée de légumes en mélangeant bien avec les deux œufs entiers. Versez dans un plat à gratin pour enfourner 20 minutes à thermostat 8 ou bien faites cuire dans le légumier de votre cocotte à fond épais.
Si vous souhaitez réaliser un soufflé, incorporez les jaunes d'œufs dans un premier temps. Battez les blancs en neige et rajoutez-les à la préparation. Versez dans un moule à soufflé huilé, placez au four à thermostat 9 pendant 25 minutes.

Taboulé de quinoa

En version estivale, misez sur les herbes fraîches : menthe, basilic, estragon, cerfeuil...

- 2 verres de quinoa
- 4 verres d'eau salée
- 1 petit bulbe de fenouil
- 1 oignon
- 1 petit poivron rouge
- 2 tomates
- 4 c. à s. d'huile d'olive
- 1 poignée de menthe fraîche, sel, poivre

Amenez l'eau à ébullition, salez, versez le quinoa. Laissez cuire à couvert jusqu'à ce que l'eau soit absorbée (comptez environ 10 à 15 minutes).
Épluchez les tomates, coupez-les en petits morceaux, détaillez le fenouil, l'oignon et le poivron rouge en dés. Dans un saladier, versez l'huile d'olive sur les légumes, salez, poivrez, ajoutez la menthe finement hachée.
Versez le quinoa lorsqu'il a bien gonflé et refroidi. Mettez au frais avant de servir.

Tomates fraîcheur

Pour une entrée estivale, de jolies tomates bien mûres en coquetiers...

- 4 belles tomates
- 1 bol de taboulé au quinoa (recette ci-dessus)
- 6 c. à s. d'huile d'olive
- 1 poignée de feuilles fraîches de basilic et de menthe
- sel, poivre

Coupez un chapeau aux tomates, évidez les graines pour creuser une cavité. Mettez les graines, jus et pulpe recueillis dans le mixer avec l'huile et les herbes aromatiques, salez, poivrez.
Remplissez les tomates de taboulé au quinoa, coiffez de leur petit chapeau et servez avec la sauce parfumée finement mixée.

Couscous de quinoa aux légumes

Le fait d'éplucher et de détailler les légumes pendant que l'eau chauffe, permet de les ajouter au fur et à mesure de leur préparation et d'obtenir des temps de cuisson réduits pour les légumes mis en dernier. Variante : vous rajouterez quelques noix de cajou, des pignons ou bien des amandes effilées grillées, des raisins secs.

- 4 verres de quinoa, 8 verres d'eau
- sel, quelques graines de cumin
- 2 litres d'eau, 3 c. à c. de sel
- 2 feuilles de laurier, 2 c. à c. de 4 épices
- 4 carottes, 2 oignons, 3 poireaux, 1 poivron, 3 courgettes
- 1 tranche de courge
- 1 tasse de pois chiches cuits
- 4 saucisses de tofu
- 2 c. à s. d'huile d'olive

Mettez l'eau à chauffer avec les feuilles de laurier, le sel et le 4 épices.
Épluchez et détaillez les légumes, commencez par les carottes que vous couperez en larges rondelles. Plongez-les dans l'eau bouillante salée. Ajoutez les oignons en lamelles, les poireaux coupés en tronçons, les poivrons en petits morceaux et les courgettes en dés. En dernier, mettez la courge en petits cubes. Le tout mijotera une quinzaine de minutes.
Amenez à ébullition les huit verres d'eau, salez, versez quatre verres de quinoa et une petite pincée de graines de cumin. Laissez cuire à couvert jusqu'à ce que l'eau soit absorbée (comptez environ 10 à 15 minutes).
Dans la cocotte de légumes, versez en fin de cuisson, les pois chiches déjà cuits, rajoutez les saucisses de tofu et l'huile d'olive.
Servez la graine de quinoa accompagnée de larges louches de légumes au bouillon parfumé.

Quinoa et desserts

Crème de quinoa cannelle cacao

À servir au dessert dans des coupelles saupoudrées d'un mélange de cacao pur et de cannelle.

- 2 c. à s. de sucre de canne complet
- 2 c. à s. de cacao en poudre
- 8 c. à s. de crème de quinoa (farine précuite)
- 5 verres de lait soja
- 1 c. à c. de cannelle (ou vanille)

Délayez toutes les poudres avec le lait de soja et faites épaissir sur feu très doux. Versez en ramequins et placez au frais.

Dessert au quinoa

Dessert ou petit déjeuner d'automne...

- 1 verre de quinoa
- 2 poires
- 1 poignée de raisins secs
- 1 demi-gousse de vanille
- 1 c. à c. de cannelle
- 1 pincée de 4 épices
- 4 c. à s. de sucre complet (muscovado)

Versez le quinoa dans deux verres d'eau, ajoutez les poires coupées en morceaux, les raisins secs, les grains d'une demi-gousse de vanille, la cannelle, le 4 épices et le sucre.
Faites cuire une quinzaine de minutes à feu très doux et à couvert.

Cake bananes – quinoa

Un gâteau énergétique, idéal pour le petit déjeuner.

- 1 verre de quinoa
- 4 bananes
- 4 œufs
- 6 c. à s. de sucre complet
- 1 verre de farine de riz
- 4 c. à s. de noix de coco râpée
- 1 c. à c. de poudre levante
- 1 demi c. à c. de cannelle
- les grains d'1 gousse de vanille

Versez deux verres d'eau sur le quinoa et faites cuire à feu doux. Laissez gonfler pendant que vous écrasez les bananes à la fourchette. Mélangez les bananes avec les œufs battus, le sucre, la farine de riz, la levure, la noix de coco, la cannelle et la vanille, incorporez le quinoa. Versez dans un moule à cake huilé, enfournez à thermostat 9 durant 35 minutes.

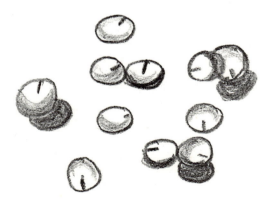

Petits pains blonds au quinoa

Du quinoa pour le parfum... Et des petits pains à déguster tièdes comme des « muffins » au brunch ou au goûter avec des marmelades de fruits.

Voir aussi page 100 les explications sur les petits pains à la farine de riz.

Pour 6 à 8 petits pains :
- 200 g de farine de riz
- 50 g de farine de quinoa
- 2 c. à s. d'huile d'olive
- 1 c. à c. de sel
- 12 g de poudre levante
- 200 g d'eau

Dans un saladier, versez les farines, ajoutez le sel, la poudre levante, l'huile, mélangez le tout en versant l'eau, la pâte gonfle et s'aère instantanément. À ce stade, il faut éviter de trop la malaxer. Avec des mains humides et à l'aide d'une spatule, façonnez rapidement des petites boules de la taille d'une mandarine, que vous posez dans des moules à tartelettes bien huilés (ou dans de grosses caissettes en papier plissé). Enfournez à thermostat 9 durant 15 à 20 minutes.

Riz

Le riz offre bien évidemment une multitude de possibilités en cuisine.
Vous choisirez sa farine (« farine de riz complet ») pour confectionner gâteaux, clafoutis… et réaliser aussi une pâte à crêpes (recette sucrée page 96, enlever simplement le sucre pour des garnitures salées). La « crème » de riz est une farine précuite qui sert à épaissir les potages, réaliser sauces et crèmes…
Version pâtes, on trouve des nouilles de riz, très légères, vous pourrez les préparer en salade comme en accompagnement. En s'inspirant de la cuisine asiatique, pensez aux feuilles de riz pour confectionner des nems.
Les flocons de riz viendront donner du corps à une terrine de légumes. Rajoutés à une soupe, ils permettent d'épaissir et de donner du velouté.
Il existe aussi de la semoule de riz, très fine, elle donne une texture de crème une fois cuite.
Le « lait » de riz sert aussi bien dans une omelette, un flan, un clafoutis ou une crème anglaise…
Et le riz : complet, mi-complet, long, rond, sauvage… Cuit pilaf, assaisonné d'un oignon émincé, parfumé au clou de girofle, au safran, au paprika, aux fruits secs, de petits dés d'un légume, mélangé à des lentilles corail, des pois chiches... En plat unique, façon riz cantonais (avec des légumes et de l'omelette émincée) ou d'inspiration paëlla (bien relevé de paprika, de tomates, de poivrons rouges, de tofu, de petits tronçons d'algues…)… il y a mille façons de cuisiner le riz ! Pour les utilisations en desserts, préférez-le rond.

Riz et sauces

Crème de riz au safran

Une sauce pour napper des légumes vapeur, une terrine aux légumes secs...

- 4 verres de lait de soja
- 1 pincée de safran (pistil)
- 4 c. à s. de crème de riz
- sel, poivre

Faites chauffer le lait de soja et mettez quelques brins de safran à infuser. Dans une petite casserole, délayez la crème de riz avec le lait tiède, salez, poivrez et faites épaissir sur feu doux.

Sauce à l'aubergine

Beaucoup de légumes peuvent se décliner ainsi, en les mixant avec un lait de riz, on obtient d'excellentes sauces pour accompagner terrines végétales, soufflés, légumes, riz, quinoa, crudités...

- 1 aubergine
- 1 gousse d'ail, sel, poivre
- 1 verre de lait de riz
- 3 c. à s. d'huile d'olive

Faites revenir l'aubergine en petits morceaux avec l'ail écrasé, salez, poivrez. Mixez avec le lait de riz et l'huile d'olive. Ajoutez l'épice de votre choix (cumin, safran...) ou un peu de thym, d'origan.

Sauce blanche à la crème de riz

Une petite sauce vite faite, pour napper des œufs mollets ou mélanger avec des épinards.

- 2 c. à s. de crème de riz
- 1/2 verre de bouillon de légumes

Mélangez la crème de riz avec quelques cuillerées de bouillon, salez, poivrez.

Mousse de courge

Ou de courgettes, de fenouil... pour accompagner une galette végétale.

- 1 grosse tranche de courge
- 2 à 3 cuillerées de crème de riz
- sel, poivre

Après avoir fait cuire une grosse tranche de courge coupée en petits morceaux à l'étouffée, écrasez à la fourchette ou mixez la pulpe. Délayez avec la crème de riz et faites épaissir en plaçant sur le feu quelques instants. Cela permet d'obtenir une consistance de purée avec un légume un peu liquide.
Vous réaliserez cette mousse avec une purée de fenouil ou de potimarron, des courgettes écrasées…

Feuilles de riz et rouleaux de printemps

Les feuilles de riz permettent de préparer de délicieux friands, nems et rouleaux de printemps.

Nems aux légumes

- 2 carottes
- 1 courgette
- 50 g de tofu nature ou fumé
- sel, poivre
- 1 douzaine de feuilles de menthe fraîche
- 4 feuilles de riz

Épluchez les carottes, passez-les au robot avec la courgette pour les râper en longs filaments (grosse grille). Mélangez ces légumes avec le tofu écrasé, salez, poivrez, déchirez les feuilles de menthe. Posez la feuille de riz sur un linge humide, humectez d'eau, lorsque la pâte est molle, déposez quelques cuillerées de farce aux légumes au milieu et en formant une quenelle à l'horizontale. Rabattez le côté gauche et le côté droit de la feuille de riz sur le tas de légumes, rabattez également le bas, et roulez vers le haut en tassant bien pour former le nem.
Faites dorer à la poêle.

Nems à la ratatouille

Une variante provençale à servir avec une salade verte et de la tapenade !

- 4 feuilles de riz
- 1 bol de ratatouille froide confite (Voir page 27 dans la recette du Crumble à la ratatouille)

Préparez les feuilles de riz comme dans la recette précédente et déposez deux cuillerées de ratatouille, repliez et faites dorer dans l'huile d'olive.
Servez avec une salade verte et de la tapenade d'olives noires.

Friands

- 1 aubergine
- 1 pomme de terre
- 1 c. à s. de purée d'amandes
- 1 gousse d'ail
- 1 oignon
- 1 demi c. à c. de curcuma, sel, poivre
- 4 feuilles de riz

Épluchez et coupez l'aubergine et la pomme de terre en morceaux pour une cuisson à la vapeur. Une fois cuits, écrasez-les grossièrement à la fourchette et incorporez la purée d'amandes, l'ail écrasé, l'oignon haché, le curcuma, du sel et du poivre.
Imbibez d'eau un torchon plié en deux, posez une feuille de riz, humectez d'eau, lorsque la pâte s'est ramollie, après quelques minutes, déposez deux ou trois cuillerées de purée de légumes au milieu et en formant une quenelle à l'horizontale. Rabattez le côté gauche et le côté droit de la feuille de riz sur le tas de légumes, rabattez également le haut et repliez vers le bas pour former un friand. Faites dorer dans une poêle à l'huile d'olive.

Riz et soupes

Crémeuse d'aubergines

À consommer froid en saupoudrant d'une pincée de muscade.

- 3 aubergines
- 6 c. à s. d'huile d'olive
- 1 gousse d'ail
- 4 verres de lait de riz
- 2 c. à s. de purée d'amandes
- sel, poivre, muscade

Épluchez et mettez à cuire les aubergines en petits cubes à l'étouffée avec l'huile d'olive et l'ail écrasé. Quand elles sont cuites, couvrez de lait de soja, ajoutez la purée d'amandes, salez, poivrez, versez dans le robot et mixez. Réservez au frais.

Crème de chou-fleur

- 1 beau chou-fleur
- muscade, sel, poivre
- 1 c. à s. de miso de riz
- 2 c. à s. de crème de riz
- 2 c. à s. de graines de courge

Détaillez le chou-fleur en bouquets et pochez-les 5 bonnes minutes dans une eau bouillante. Égouttez et replacez-les en cocotte en couvrant d'eau. Quand les bouquets sont tendres, ajoutez une belle pincée de muscade, salez, poivrez.
Dans un petit bol, délayez la crème de riz avec quelques cuillerées de bouillon.
Mixez la soupe de chou-fleur avec la cuillerée de miso, puis ajoutez-lui la crème de riz. Replacez sur feu doux en remuant quelques minutes.

Saupoudrez chaque assiettée de quelques graines de courge. Le miso est une pâte condiment, une cuillerée dans un gros bol d'eau chaude par exemple permet d'obtenir un bouillon parfumé. Pour cette crème de chou-fleur, à la place du miso de riz, vous pourrez incorporer une pincée de curry ou une autre épice de votre choix.

Riz et tartes

Pizza au riz

Une pizza originale avec un fond de tarte sans farine. Une garniture à varier à l'infini selon les saisons : une compotée de poivrons rouges sur un coulis de tomates, des aubergines frites sur un lit de tapenade... façon pissaladière avec des oignons revenus et des lamelles de tofu aux herbes...

- 1 verre de riz
- 1 œuf
- 1 c. à c. de purée d'amandes
- sel, poivre, origan
- 1 bol de sauce tomates épaisse
- garniture au choix : petites lamelles de tofu aux olives, aubergines frites sur un caviar d'aubergines, oignons, olives noires...

Faites cuire le riz dans 2 verres d'eau. Quand il est bien cuit, incorporez l'œuf, salez, poivrez, ajoutez la purée d'amandes, étalez ce mélange dans le fond d'un moule à tarte huilé. Sur ce fond de riz, étalez la sauce tomates sans aller près du bord (laisser un centimètre) disposez des lamelles de tofu, des légumes sautés, des olives noires, saupoudrez d'origan... Enfournez à thermostat 9 pour 20 minutes.

Merci à Michèle pour l'idée de ce fond de tarte !

Tarte au riz

Même fond de tarte, mais avec une garniture de jeunes légumes.

- 1 botte de jeunes navets
- 1 botte de carottes nouvelles
- 2 oignons
- 2 c. à s. d'huile d'olive
- sel, poivre, thym
- fond de tarte : 1 bol de riz cuit, 1 œuf, 1 c. à s. de purée d'amandes

Faites cuire les légumes coupés en dés à l'étouffée avec juste une cuillerée d'eau et deux d'huile d'olive. Mélangez le riz cuit avec l'œuf, salez, poivrez, ajoutez la purée d'amandes, étalez ce mélange dans le fond d'un moule à tarte huilé. Versez la jardinière de légumes par-dessus, saupoudrez de thym, enfournez 25 minutes à thermostat 8.

Riz et légumes

Salade de riz complet aux courgettes

Une salade qui se décline très bien avec des aubergines ou des carottes également.

- 1 verre de riz complet
- 3 courgettes
- 3 c. à s. d'huile de colza
- 1 c. à c. de vinaigre balsamique
- 1 cébette

Mettez le riz complet à cuire. Faites cuire à l'étouffée les courgettes coupées en demi-rondelles assez larges. Préparez la sauce en mélangeant l'huile, le vinaigre et la cébette émincée. Salez, poivrez. Versez les courgettes et le fond de leur jus de cuisson. Incorporez le riz. Peut se déguster tiède.

Salade aux vermicelles

À réaliser avec des nouilles de riz ou des vermicelles chinois transparents (à base de haricots secs). Le vinaigre balsamique peut être remplacé par du tamari pour une autre saveur...

- 2 poignées de petits pois
- 1 poignée de haricots verts
- 100 g de vermicelles transparents (1 paquet)
- 1 carotte
- 1 petit poivron rouge
- 1 cébette, 1 gousse d'ail
- 6 c. à s. d'huile de colza
- 2 c. à s. de vinaigre balsamique

Déposez les petits pois et les haricots verts coupés en tronçons dans le panier pour une cuisson vapeur. Râpez la carotte, émincez la cébette et le poivron. Amenez une casserole d'eau à ébullition, versez les vermicelles, laissez quelques minutes, feu éteint, à couvert. Préparez la sauce en mélangeant l'huile de colza et le vinaigre, l'ail écrasé, du sel et du poivre.
Égouttez les vermicelles, coupez-les en quelques coups de ciseaux dans la masse, ce sera plus facile pour bien les mélanger à la sauce. Incorporez tous les légumes : carotte, cébette, poivron crus, petits pois et haricots verts cuits. Servez frais.

Cake au riz

Servi en tranches, c'est une entrée légère idéale pour l'été.

- 1 aubergine
- 1 tomate
- 8 c. à s. de flocons de riz
- sel, poivre, curry
- 4 œufs

Épluchez l'aubergine et la tomate, faites-les cuire à l'étouffée. Versez dans le bol du mixer, ajoutez les flocons de riz, du sel, du poivre, du curry et les œufs entiers. Mélangez.
Versez dans un moule à cake huilé et enfournez 25 minutes à thermostat 9. Se déguste chaud ou froid.

Soufflé aux poireaux

- 1 tasse de riz cuit
- 5 poireaux en petites rondelles
- 2 œufs
- 1 poignée de tofu aux olives coupé en petits cubes

Émincez les poireaux en petites rondelles et faites-les cuire à la vapeur. Une fois cuits, versez-les dans le robot avec le riz, du sel et du poivre, mixez. Ajoutez les jaunes d'œufs, puis les blancs battus en neige et les petits cubes de tofu aux olives.
Huilez un moule en forme de couronne, versez la préparation et enfournez à thermostat 8, 15 minutes. Servez aussitôt.

Timbales d'asperges

Une entrée raffinée à servir avec une petite sauce à la purée d'amandes.

- 1 verre de riz
- 1 botte d'asperges vertes (une vingtaine)
- 1 verre de lait de riz
- 3 œufs
- sel, poivre

Faites cuire le riz dans 2 verres d'eau. Placez les asperges à cuire à la vapeur après les avoir coupées en tronçons de 2 cm. Quand elles sont tendres, versez-les dans le robot avec le riz cuit, le lait de riz, les œufs, salez, poivrez. Mixez. Versez dans un moule en couronne ou dans des ramequins, placez au four à thermostat 6 pendant 20 minutes.
La cuisson peut se faire également au bain-marie au four ou dans une cocotte à fond épais en plaçant les ramequins dans le panier.

Variante soufflée :
Incorporez les jaunes d'œufs au mélange et ensuite les blancs battus en neige.

Riz carottes – curry

- 2 verres de riz
- 2 c. à s. d'huile d'olive
- 2 carottes
- 1 demi c. à c. de curry

Épluchez et détaillez les carottes en rubans à l'aide de l'épluche-légumes. Faites revenir le riz dans l'huile d'olive, ajoutez les lanières de carottes, le curry, couvrez avec 2 verres d'eau, salez, poivrez.

Pain d'aubergines

Les flocons de riz remplacent la chapelure que l'on utilise habituellement pour réaliser les « pains » de légumes.

- 2 aubergines
- 2 œufs
- 3 c. à s. de flocons de riz
- sel, poivre
- 1 c. à s. d'huile d'olive
- 2 pincées de cumin en poudre
- persil haché, gomasio (sésame, sel)

Faites cuire les aubergines en morceaux à la vapeur ou à l'étouffée. Quand elles sont fondantes, battez-les à la fourchette dans un saladier avec les œufs. Ajoutez les flocons de riz, l'huile d'olive, du sel, du poivre, la pincée de cumin en poudre. Versez dans un moule à cake huilé, enfournez à thermostat 9, 25 à 35 minutes.
Démoulez et parsemez de persil haché, servez avec un filet d'huile d'olive et du gomasio, un coulis de tomates...

Paëlla

- 2 c. à s. d'huile d'olive
- 2 tomates, 1 poivron rouge
- 1 oignon, 1 poignée de petits pois
- 1 c. à s. de panaché d'algues déshydratées
- 2 verres de riz long de Camargue, 4 verres d'eau
- 2 pincées de safran, 1 c. à c. de paprika
- sel, poivre, 1 feuille de laurier
- 100 g de tofu

Faites revenir dans l'huile d'olive les tomates, le poivron, l'oignon en petits morceaux et les algues. Versez le riz, le safran, le paprika et couvrez d'eau. Laissez mijoter à couvert après avoir salé, poivré et ajouté les petits pois et le laurier. En fin de cuisson, ajoutez le tofu détaillé en petits cubes.

Riz aux pignons et à la menthe

- 2 verres de riz semi-complet
- 1/2 verre de pignons
- 2 c. à s. d'huile d'olive
- une douzaine de feuilles de menthe

Faites revenir les pignons dans l'huile d'olive, versez le riz, couvrez avec 6 verres d'eau. Salez, poivrez. Lorsque le riz est cuit, incorporez la menthe hachée.

Riz cantonais

- 200 g de petits pois à écosser
- 1 c. à s. d'huile d'olive
- 4 oignons
- 2 verres de riz, 4 verres d'eau
- sel, poivre

- 3 œufs
- 2 c. à s. de sauce de soja
- 4 c. à s. de lait végétal
- 1 poignée de persil frais

- 200 g de champignons de Paris
- 1 c. à s. d'huile d'olive
- 100 g de tofu

Écossez les petits pois. Dans un poêlon, faites revenir avec un peu d'huile d'olive les oignons coupés en lamelles, versez le riz.

Remuez sur feu doux pour le faire légèrement blondir, couvrez de 4 verres d'eau. Salez, poivrez, laissez mijoter à feu doux. Après 10 minutes de cuisson, ajoutez les petits pois. Couvrez et laissez mijoter le riz jusqu'à ce qu'il absorbe toute l'eau de cuisson.
Battez les œufs avec la sauce de soja, le persil haché et le lait de soja. Versez dans une grande poêle huilée et bien chaude. L'omelette doit être très fine, prévoyez deux omelettes si votre poêle est petite.
Épluchez et détaillez en lamelles les champignons, faites-les revenir dans la poêle avec un peu d'huile, lorsqu'ils sont presque dorés, ajoutez le tofu que vous aurez coupé en petits cubes afin de le réchauffer.
Versez l'ensemble champignons et tofu dans le poêlon de riz. Coupez l'omelette en longues lanières que vous disposez sur le riz et parsemez d'une belle poignée de persil frais haché.

Riz, galettes ou omelettes
Escalopes de flocons de riz

Pour 3 escalopes
- 2 blancs d'œufs
- 1 bol de flocons de riz
- 1 bol de bouillon de légumes
- 1 c. à s. de petits légumes séchés, des graines de sésame, des noix ou des noisettes hachées, des amandes effilées...

Versez les flocons de riz dans un saladier, couvrez de bouillon chaud. Quand ils sont gonflés ajoutez selon vos goûts, petits légumes, graines de sésame, amandes, noix... et les blancs d'œufs. Versez dans une poêle huilée, mettez un couvercle pour qu'elles soient très moelleuses.

Omelette de riz

Une recette de base à agrémenter de fines herbes, d'une pincée d'algues, d'une carotte râpée, de quelques cuillerées de coulis de tomates...

- 3 œufs
- 3 grosses c. à s. de flocons de riz
- 1 verre de lait végétal (riz, soja, amandes...)
- sel, poivre
- persil

Dans un bol battez les œufs entiers avec le lait végétal, ajoutez les flocons de riz, assaisonnez. Versez dans une poêle huilée, couvrez.

Riz et desserts

Pour obtenir un joli glaçage au chocolat :
100 g de chocolat noir à faire fondre avec un demi verre de lait de riz.

Crème pâtissière

Pour 2 coupes ou pour une saucière
- 3 jaunes d'œufs
- 4 c. à s. sucre de canne complet
- 3 c. à s. de farine de riz complète
- 2 verres de lait de riz

Délayez les jaunes d'œufs avec le sucre de canne, incorporez la farine de riz et délayez avec le lait de riz. Placez sur un feu doux et faites épaissir en tournant régulièrement.
Vous parfumerez cette crème avec 1 goutte d'huile essentielle de citron, de bergamote ou d'orange bio.

Pâte à crêpes

Une pâte qui donne des crêpes très légères. À déguster au goûter avec des confitures de figues, framboises... du miel...

- 1 verre de farine de riz
- 2 œufs
- 2 c. à s. de sucre de canne complet
- 1 verre de lait de riz

Délayez tous les ingrédients, parfumez avec 2 gouttes d'huile essentielle d'orange ou des grains de vanille.

Fondants au chocolat

De vrais délices aux cœurs fondants !

Pour 4 ramequins
- 100 g de chocolat noir min 65 % cacao
- 2 c. à s. de lait de riz (ou de soja)
- 2 c. à s. de sucre complet
- 2 œufs
- 2 c. à s. de farine de riz

Faites fondre le chocolat noir avec le lait de riz, le sucre complet, laissez fondre très doucement en remuant. Hors du feu, attendre un peu pour rajouter 1 œuf entier, remuez vigoureusement, ajoutez la farine de riz, puis le deuxième œuf. Versez cette pâte dans les ramequins huilés, enfournez 7 minutes à thermostat 7.
À déguster aussitôt ! Le cœur doit rester fondant.

Ces fondants se cuisent juste au moment du dessert, aussi, si vous êtes amené à doubler les proportions pour une plus grande quantité de ramequins, sachez que la pâte se met au frais en attendant de passer au four.

Galette poêlée

Une recette rapide pour préparer un dessert en quelques minutes

- 2 œufs battus
- 2 c. à s. sucre de canne complet
- 4 c. à s. de farine de riz
- 1/2 verre de lait de riz
- 1 pomme
- 2 c. à s. de raisins secs

Battez les œufs avec le sucre de canne et la farine de riz, ajoutez le lait de riz et les raisins secs.
Faites revenir à la poêle la pomme coupée en tranches puis versez dans la pâte. Huilez bien la poêle chaude avant de verser le mélange. Quand la pâte est prise dessous, coupez en 4 portions, de manière à la retourner facilement.

Le gratin de bananes

Un dessert qui se déguste froid. À goûter aussi parfumé de grains de vanille.

- 4 grosses bananes bien mûres
- 4 jaunes d'œufs*
- 4 c. à s. de sirop d'érable
- 4 c. à s. de farine de riz
- 2 verres de lait de riz
- 6 c. à s. de poudre d'amandes

Délayez les jaunes d'œufs avec le sirop d'érable, incorporez la farine de riz et le lait de riz. Faites épaissir sur feu doux tout en remuant jusqu'à obtention d'une crème pâtissière épaisse. Ajoutez les bananes écrasées à la fourchette. Versez dans un plat à gratin huilé. Saupoudrez de poudre d'amandes. Enfournez à thermostat 8 pendant 20 minutes.

* avec les blancs, réalisez la recette des Petits fours (page 23)

Far aux pruneaux

- 2 verres de farine de riz
- 1 verre de sucre de canne complet
- 3 œufs
- 250 g de pruneaux dénoyautés ou non
- 2 verres à ras bord de lait de riz
- zeste de citron

Étalez les pruneaux dans le fond d'un plat à four huilé. Mélangez tous les ingrédients, parfumez avec un zeste de citron et versez la pâte sur les pruneaux. Enfournez à thermostat 9, durant 25 minutes.

Le gâteau de carottes

Un délicieux gâteau qui étonnamment n'a pas particulièrement le goût de carotte ! Ce légume utilisé en version sucrée apporte beaucoup de moelleux. Vous pourrez remplacer les raisins secs par des myrtilles séchées également. À goûter absolument !

- 400 g de carottes râpées (4 carottes)
- 1 verre de sucre complet
- 2 verres de farine de riz
- 1/2 verre d'huile d'olive
- 4 œufs
- 1 c. à c. de poudre levante
- 1 poignée de raisins secs
- 1 poignée d'amandes effilées

Mélangez les carottes râpées (à la grille fine) avec le sucre, la farine, l'huile d'olive, les œufs entiers, la poudre levante, les raisins secs et les amandes effilées.
Versez dans un moule à cake huilé et enfournez à thermostat 9 pendant 35 minutes. Vérifiez la cuisson du gâteau en enfonçant la lame d'un couteau.

Délice de fraises

Une vraie couleur rose pour un dessert très léger qui plaît aux petits comme aux grands !

- 500 g de fraises
- 5 c. à s. de sirop d'agave
- 1 quart de litre de lait de riz
- 1 sachet de 2 g d'agar-agar

Faites doucement chauffer le lait de riz mélangé à la poudre d'agar-agar jusqu'à maintenir une petite ébullition durant quelques minutes. Équeutez les fraises, placez-les dans le bol du robot avec le sirop d'agave, versez le lait de riz chaud, mixez aussitôt.
Versez immédiatement cette purée dans des ramequins. Mettez au frigo. Le mélange se fige et se servira frais.

La crème au chocolat

Un dessert rapide à préparer et apprécié !
L'arrow-root est une poudre d'amidon tirée du rhyzome de la maranta, une plante tropicale d'Amérique du Sud et d'Amérique centrale. Sans gluten, cet amidon se comporte comme une farine diastasée.

- 4 c. à s. d'arrow-root
- 5 verres de lait de riz
- 4 c. à s. de sucre de canne complet
- 8 carrés de chocolat noir

Délayez le sucre avec l'arrow-root et le lait de riz, placez sur feu doux et ajoutez les carrés de chocolat. Remuez jusqu'à épaississement, éteignez le feu. Cette crème peut se parfumer avec 3 gouttes d'huile essentielle d'orange, de l'extrait de vanille ou de café.

Les petits pains à la farine de riz

On les réalise en quelques minutes, ils gonflent au four grâce à la poudre levante (sans phosphates) et cuisent en quinze minutes. Leur facilité de préparation permet de les façonner presque chaque jour, ils sont d'ailleurs bien meilleurs frais !
L'ingrédient principal est la farine de riz. Son goût est plutôt neutre, il est donc intéressant de rajouter un peu de quinoa ou de sarrasin pour une meilleure saveur. La pâte obtenue est molle et se façonne à l'aide d'une cuillère et d'une spatule afin de réaliser de petits pains. Cette pâte se prête bien à des petits pains « fantaisie » : parsemez-les de graines de sésame, de pavot, de carvi, de sel aux herbes... Si vous aimez un pain croustillant, veillez à bien huiler les moules et prolongez la cuisson de 5 à 10 minutes.
Évitez de cuire ces pâtes à pains dans de gros moules (moule à cake par exemple); la mie étant dense et friable, il est pratiquement impossible d'obtenir de vraies tranches.

Petits pains rustiques au sarrasin

Pour 6 petits pains cuits dans un moule en couronne :
- 200 g de farine de riz
- 50 g de flocons de sarrasin
- 1 c. à c. de sel
- 12 g de poudre levante
- 250 g d'eau

Dans un saladier, mélangez tous les ingrédients en versant l'eau en dernier, la pâte gonfle et s'aère instantanément. À ce stade, il ne faut pas trop la malaxer. A l'aide d'une cuillère, versez de grosses parts de pâte dans un moule en couronne bien huilé. Ne tassez pas, les portions de pâte se touchent et, après cuisson, il sera facile de rompre la couronne en plusieurs parts.
Placez au four à thermostat 9 durant 20 à 25 minutes.

Voir aussi page 80 les « Petits pains blonds au quinoa ».

Sarrasin

La farine de sarrasin est bien connue pour la confection des crêpes, des galettes, elle apporte un goût original aux préparations culinaires.
Les « soba » sont des pâtes complètes à la farine de sarrasin. Présentées sous forme de larges spaghettis, elles seront nappées d'un coulis de légumes (champignons, potiron, aubergines…) ou d'une noisette de « beurre » végétal (purée de sésame, purée de noisettes…)
Il existe aussi du boulghour de sarrasin (il est prégermé et précuit ce qui le rend très digeste), sa cuisson est rapide et permet de réaliser des salades inspirées du taboulé.
La « crème » de sarrasin (une farine précuite) sera pratique pour réaliser des sauces et épaissir des potages.
Les flocons se cuisinent en galettes et viennent donner une consistance à des pâtés végétaux.

Sarrasin et sauces

Sauce à la crème de sarrasin

- 2 c. à s. de crème de sarrasin
- sel, poivre
- 1 c. à c. de tahin (purée de sésame)

Délayez la crème de sarrasin avec 2 verres d'eau, salez, poivrez et faites épaissir sur feu doux. Incorporez le tahin.
Cette sauce viendra napper des légumes vapeur, des choux de Bruxelles, un gratin d'endives... ou en accompagnement d'une galette végétale.

Sarrasin et galettes, pâte à crêpes

Steaks de sarrasin

- 1 bol de flocons de sarrasin
- 1 bol de bouillon de légumes
- facultatif : 1 tasse de petits légumes séchés ou râpés, 1 c. à s. d'algues ou de sésame, des graines de tournesol...

Faites gonfler les flocons dans le bouillon de légumes. Ajoutez fines herbes, algues, légumes... au choix. Versez dans une poêle bien huilée (huile d'olive). Ces steaks méritent d'être dorés pour les décoller facilement de la poêle. Plus pratique, une cuisson au four dans des moules à tartelettes.
Ces galettes végétales accompagnent fort bien une choucroute nature réchauffée doucement avec quelques cuillerées d'huile d'olive, parsemez de thym ou de graines de cumin.

Galettes de sarrasin

Comme une omelette, une recette vite faite, aussi pour le petit déjeuner

Pour 1 personne :
- 1 œuf
- 3 c. à s. de flocons de sarrasin
- 3 c. à s. de lait de riz
- 1 c. à c. d'algues séchées ou des amandes effilées, sel, poivre

Battez l'œuf avec le lait de riz, ajoutez les flocons, les algues, salez et poivrez. Versez dans une petite poêle huilée.

Pâte à crêpes

Convient bien pour les garnitures salées : ratatouille, œuf, fondue d'oignons, de poireaux, de poivrons... Courgettes ou carottes râpées cuites à l'étouffée...

- 2 œufs
- 1 verre de farine de sarrasin
- 1 verre et demi de lait de riz, sel

Délayez la farine avec les œufs, incorporez le lait de riz, le sel. Préparez les crêpes dans une poêle bien chaude et huilée.

Sarrasin et légumes

Gratin de légumes

Les flocons de sarrasin apportent leur saveur à ce gratin. D'autres variantes : aux courgettes, aux aubergines, aux carottes...

- 1 grosse tranche de courge
- 3 c. à s. de flocons de sarrasin
- 2 œufs
- sel, poivre

Faites cuire à la vapeur, la courge coupée en petits morceaux. Écrasez grossièrement la pulpe en mélangeant avec les œufs, mélangez avec les flocons de sarrasin, salez, poivrez.
Enfournez à thermostat 9, une vingtaine de minutes.

Galette de pomme de terre

- 2 pommes de terre
- 1 oignon
- 2 c. à s. de flocons de sarrasin
- sel, poivre, curry ou paprika

Râpez les pommes de terre avec l'oignon, ajoutez les flocons. Laisser reposez une dizaine de minutes pour qu'ils s'imbibent du jus des légumes. Salez, poivrez, épicez avec une poudre de curry, du cumin, du paprika... ou simplement du persil haché. Versez dans une poêle huilée, couvrez et faites cuire la première face. Faites glisser dans une assiette pour la retourner et griller l'autre côté.

Soja

Tofu, yaourts, crèmes à tartiner, « fromage blanc », « lait » de soja… autant de préparations à base de soja que vous trouverez dans le commerce.
Les « yaourts » nature de soja vous permettront de réaliser des sauces crudités en rajoutant épices, fines herbes, huiles… ou des crèmes dessert en mixant avec des purées de fruits…

Le tofu, les « fromages blancs » de soja ou « crèmes à tartiner » pourront être mixés avec de l'avocat pour un « guacamole », avec de l'aubergine cuite et de la purée de sésame pour une variante du « caviar »… Ces crèmes de soja vous permettront également de réaliser de fondants « tians » de légumes : en alternant couches d'aubergines ou de courgettes… Mélangés à une compote de fruits, vous obtiendrez des « mousses » pour les desserts…

Les applications culinaires sont très nombreuses, pour n'en citer que quelques-unes vous trouverez ci-après des idées sur l'utilisation du tofu bien sûr, mais le « lait » comme la « crème » de soja sont des ingrédients que l'on retrouve dans de nombreuses recettes au fil de ce livre.

Veillez à lire les compositions lorsque vous achetez des quenelles ou des saucisses de tofu car certaines marques contiennent de l'avoine ou du blé.

Soja et soupes

Soupe de légumes

Vous ferez cuire le mélange de légumes de votre choix à l'étouffée et c'est seulement au moment de les mixer que vous rajouterez selon le volume de purée obtenu 1 demi à 1 litre de lait de soja. Salez, poivrez, assaisonnez éventuellement d'une épice ou d'une herbe aromatique et rajoutez dans l'assiette une cuillère d'huile de noix, de tournesol ou d'olive.

Soupe épinards

De la purée d'amandes pour une soupe très veloutée.

- 2 pommes de terre
- 2 poireaux
- 3 grosses poignées d'épinards
- 1 c. à s. de purée d'amandes blanches
- 4 grosses c. à s. de fromage blanc de soja
- sel aux herbes, poivre

Épluchez et coupez les pommes de terre en morceaux ainsi que les poireaux. Couvrez d'eau.
Lorsque les légumes sont cuits, ajoutez les feuilles d'épinards dans la soupe bouillante, maintenez sur le feu encore une minute, couvercle fermé. Salez, poivrez, ajoutez la purée d'amandes et mixez le tout.
Dans chaque assiette, après avoir versé la soupe, placez une grosse cuillerée de fromage blanc que vous saupoudrez de sel aux herbes et de poivre.

Soja et sauces

Crème soja aux 5 parfums

Pour accompagner des terrines végétales, des légumes crus...

- 1 pot de crème de soja épaisse
- 1 c. à c. du mélange d'épices en poudre 5 parfums
- 2 c. à s. d'huile d'olive ou de tournesol
- sel, poivre

Mélangez tous les ingrédients et battez l'ensemble énergiquement.

Farce fines herbes-tofu

Pour garnir des tomates, des feuilles d'endives, des rondelles de concombre...

- 100 g de tofu aux herbes
- 1 gousse d'ail ou 1 échalote
- sel, poivre
- 4 c. à s. d'huile d'olive
- 1 pincée de thym (ou paprika ou cumin...)
- 1 poignée de basilic (ou menthe ou de la ciboulette...)

Malaxez (ou mixez) le tofu aux herbes, l'ail écrasé, du sel, du poivre et l'huile d'olive. Ajoutez les fines herbes et le petit aromate de votre choix et garnissez des demi-tomates, des feuilles d'endives...

Tofu et légumes

Flan de légumes

- 1 aubergine moyenne
- 1 grosse courgette
- 1 oignon, 1 gousse d'ail écrasé
- quelques grosses feuilles de basilic
- 4 c. à s. d'huile d'olive
- 1 verre de crème ou de fromage blanc de soja
- 1 c. à s. de crème de riz
- 2 œufs
- 2 pincées de thym émietté, sel

Épluchez l'aubergine et coupez-la en dés ainsi que la courgette. Dans l'huile d'olive, faites revenir les légumes avec l'oignon en lamelles, l'ail écrasé, les feuilles de basilic entières. Laissez mijoter à feu doux, après avoir salé et poivré.
Délayez la crème de riz en ajoutant peu à peu la crème de soja, puis les œufs, le thym, le sel. Incorporez les légumes et versez le tout dans un moule à manqué huilé. Mettez au four à thermostat 9 pour 25 à 35 minutes.

Petites terrines d'hiver

- 100 g de tofu aux herbes
- 100 g de purée de châtaignes nature
- 2 c. à s. d'huile d'olive
- 1 œuf
- 1 oignon haché
- sel, poivre, thym
- 2 c. à s. de sauce de soja (facultatif)
- 1 demi c. à c. d'algues en paillettes (facultatif)
- grains de sésame

Écrasez le tofu et mélangez-le avec la purée de châtaignes, incorporez tous les ingrédients, versez dans 3 ramequins huilés, parsemez de graines de sésame et placez au four à thermostat 7 pendant 15 minutes. Servez chaud ou froid avec une sauce à la purée d'amandes parfumée au safran.

Lait de soja et desserts

Flan au cacao

À la place du cacao, vous pouvez parfumer ce flan aux amandes en délayant 2 cuillerées à soupe de purée d'amandes complètes (déjà sucrée). Conservez les mêmes proportions avec d'autres laits végétaux et variez les goûts en utilisant du lait de riz, du lait d'amandes, du lait de noisettes...

- 1 demi-litre de lait de soja nature ou vanille
- 2 c. à s. de sucre si lait de soja nature
- 2 c. à s. de cacao en poudre ou 8 carrés
- 1 gousse de vanille ou 3 gouttes d'huile essentielle d'orange
- 2 g d'agar-agar en poudre (1 sachet)

Dans une casserole, délayez le chocolat (et le sucre si besoin) avec le lait de soja. Coupez la gousse de vanille en deux dans le sens de la longueur, avec la pointe d'un couteau grattez les grains et ajoutez-les au lait, plongez également les bâtons de vanille une fois raclés. Mettez à feu doux, versez la poudre d'agar-agar, laissez frémir 3 minutes en remuant le lait cacaoté.
Versez la préparation dans des ramequins individuels ou dans une coupe, mettez au frigo 2 heures avant de servir.

Mousseline pomme citronnée

- 2 pommes cuites (golden)
- 1 demi citron
- 2 œufs
- 3 c. à s. de sucre complet
- 1 verre de lait de soja

Faites cuire les pommes et le citron (en conservant son écorce) coupés en petits morceaux comme une compote. Quand c'est cuit, versez dans le bol du robot avec les œufs, le sucre et le lait de soja. Mixez le tout. Versez dans des ramequins, saupoudrez d'une pincée de sucre. Faites cuire à la vapeur, en plaçant les ramequins dans le panier de votre cocotte (à fond épais) ou bien placez les ramequins au four à thermostat 7 pendant 20 minutes.

Les légumes secs

L'azuki est un petit haricot rouge qui, comme tous les légumes secs se fait tremper avant cuisson. Simplement réduit en purée et bien assaisonné d'huile d'olive, d'échalote hachée, de fines herbes, de curry, de cumin… il fera une excellente terrine végétale à tartiner sur un « canapé » de légumes : rondelles de carottes, de courgettes crues…

Les lentilles, blondes, vertes, corail… apportent chacune une texture et une saveur différente.
Vous pourrez réaliser d'excellentes sauces en les réduisant en « coulis », surtout la lentille corail qui cuit très vite et fond en purée, il suffit de la remuer vigoureusement pour obtenir une consistance homogène.
Très intéressante aussi, mais qu'on ne trouve pas partout : la farine de lentilles pour faire des crêpes, des escalopes végétales…
Quelques cuillerées mélangées avec 1 œuf et un peu de lait végétal vous permettront de réaliser de petites crêpes dans une poêle à blinis.

Les pois chiches, on les fait tremper 2 ou 3 jours (en changeant souvent l'eau) pour qu'ils commencent à germer (cela les rend plus digestes), une fois cuits vous pourrez en faire une purée pour réaliser un hoummos.
L'hoummos est une purée de pois chiches à laquelle vous rajouterez du lait de riz, de l'huile d'olive, du sel, du poivre, du cumin en poudre, et éventuellement du jus de citron, de l'ail, du paprika…
Vous trouverez aussi de la farine de pois chiches qui vous permettra de réaliser le panisse, une pâte à beignets ou encore des crêpes…
Une formule pratique pour des recettes très rapides : les flocons de pois chiches, à décliner en galettes, pâtés et flans végétaux.

Azukis et légumes

La terrine d'azukis

Un pâté végétal pour une entrée raffinée avec une sauce chaude à l'amande (recette page 19)... à servir tout simplement avec une salade, comme en-cas, à emporter...

- 1 bol d'azukis
- 1 c. à s. d'algues séchées en paillettes
- 1 bol de légumes cuits (carottes, rave, céleri, poireaux...)
- 1 tasse de riz complet cuit
- 1 œuf
- sel, poivre

Faites tremper les azukis une nuit avant de les mettre à cuire en leur ajoutant les algues. Écrasez les légumes et le riz déjà cuits, ajoutez l'œuf, salez, poivrez. Versez dans un moule à cake huilé, placez au four thermostat 8 pendant 25 minutes.

Lentilles et sauces

Coulis de lentilles

Pour accompagner les légumes, en particulier les asperges blanches cuites à la vapeur et servies tièdes.

- 1 bol de lentilles vertes
- 1 c. à c. d'algues déshydratées en paillettes, 1 branche de sauge
- 3 c. à s. d'huile d'olive
- sel, poivre, cumin ou safran

Faites tremper les lentilles pendant quelques heures. Mettez-les à cuire pendant 30 à 40 minutes en les couvrant d'eau, ajoutez les algues et la sauce. Lorsqu'elles sont cuites, égouttez-les et conservez ce jus de cuisson, ôtez la sauce et mixez en incorporant l'huile d'olive. Assaisonnez. Pour obtenir une consistance de sauce, ajoutez plus ou moins de bouillon de cuisson. Cette sauce se sert tiède.

Mayonnaise de lentilles

Pensez avec tous les restes de légumes secs cuits à faire des « mayonnaises », il suffit d'un bon robot ! Un reste de pois cassés ou de lentilles corail mixé avec quelques cuillerées d'huile d'olive, du sel, du poivre, fera une sauce pour accompagner des légumes, une salade d'endives...

- **1 bol de lentilles vertes cuites**
- **1 demi verre d'huile d'olive**
- **sel, poivre**

Mettez les lentilles dans le bol du robot, salez, poivrez et incorporez l'huile d'olive par petites fractions comme on le fait pour une mayonnaise. Vous obtenez une pâte crémeuse très homogène.

3 couleurs de lentilles

Terrine de lentilles

- 1 bol de lentilles blondes
- 1 c. à s. d'algues déshydratées (type mélange du pêcheur)
- 1 tasse de flocons de riz
- sel, poivre, 1 c. à c. d'épices 5 parfums
- 1 oignon
- 1 œuf

Faites tremper les lentilles dans 1 bol d'eau quelques heures avant de les faire cuire en rajoutant 2 bols d'eau et les algues. Lorsqu'elles sont cuites, égouttez-les (recueillez le bouillon pour un potage). Mixez les lentilles avec les flocons de riz, l'oignon, l'œuf, du sel, du poivre et le 5 parfums, Versez dans un moule à cake et enfournez 35 minutes à thermostat 9.

Purée de lentilles corail

Si vous souhaitez aromatiser cette préparation, le cumin s'y prête particulièrement bien.

- 1 bol de lentilles corail
- 1 feuille de laurier
- 1 c. à s. d'algues séchées (mélange en paillettes)
- 1 c. à s. de miso de riz (facultatif)
- 2 c. à s. d'huile d'olive

Dans une casserole versez les lentilles, ajoutez le laurier, les algues, couvrez d'eau. Placez sur feu très doux en remuant fréquemment et en rajoutant de l'eau jusqu'à ce que la purée épaississe. En fin de cuisson versez l'huile d'olive, et éventuellement le miso. Salez, poivrez.

Pâté de lentilles vertes

- 200 g de lentilles vertes
- 1 c. à c. de panaché d'algues déshydratées
- 100 g de tofu aux herbes
- 4 c. à s. de sauce de soja
- 1 c. à s. d'huile d'olive
- 1 œuf
- 1 c. à c. de thym émietté, sel, poivre

Mettez les lentilles à cuire avec les algues dans trois fois leur volume d'eau, environ 30 minutes. (Comme pour les pois chiches – voir page 111.- vous pouvez les faire tremper pour une pré germination). Versez les lentilles égouttées dans le bol du robot et mixez avec le tofu, incorporez la sauce de soja, l'huile d'olive, l'œuf, le thym, salez et poivrez. Huilez un moule à cake et remplissez-le de la préparation. Enfournez à thermostat 7 pour 25 minutes.

Pâte à crêpes ou blinis à la farine de lentilles

Des crêpes au parfum original, très savoureuses pour les garnitures de légumes... ou à faire cuire dans une petite poêle à blinis pour l'apéritif.

Pour une demi-douzaine de crêpes :
- 2 verres de farine de lentilles vertes
- 3 verres de lait de riz
- 2 œufs
- sel, poivre

Délayez la farine de lentilles avec les œufs, incorporez le lait de riz, salez et poivrez. Versez la pâte dans une poêle très chaude et bien enduite d'huile d'olive pour former des crêpes plutôt épaisses.
À déguster tartinées de tapenade et garnies de ratatouille... tartinées de caviar d'aubergines et garnies d'une fondue d'oignons...

Pois chiches, farine et flocons

Pâte à crêpes à la farine de pois chiches

Pour accompagner le repas, ou garnies d'une compotée de légumes, de ratatouille...

- 1 verre de farine de pois chiches
- 1 verre et demi d'eau
- sel, 2 pincées de graines de cumin

Délayez la farine avec l'eau, salez, ajoutez le cumin. Laissez reposer une demi-heure. Préparez en crêpes dans une poêle enduite d'huile d'olive.

Pâte à beignets à la farine de pois chiches

Une pâte croustillante pour enrober des tranches d'aubergines ou de courge, des oignons, des rondelles de courgettes, des morceaux de poivrons...

- 2 verres de farine de pois chiches
- 1 verre d'eau, sel
- 1 c. à c. de poudre levante

Versez la farine de pois chiches, le sel et la poudre levante dans un saladier, délayez en ajoutant petit à petit, environ un verre d'eau pour obtenir une pâte épaisse qui enrobe bien les légumes à frire. Détaillez les légumes en tranches (quart de tranche pour les aubergines) d'un demi-centimètre ou hachez oignons, potimarron... pour les incorporer à la pâte et faire des beignets façon « accras ». Incorporez une cuillère à café de graines de cumin pour une note orientale.

Galettes de pois chiches

Proportions pour 4 galettes parfumées qui peuvent aussi se déguster froides, accompagnées de guacamole d'avocat.

- 1 verre de flocons de pois chiches
- 1 verre de lait de riz
- 1 échalote hachée
- 2 œufs
- 1 pincée de garam masala (ou un curry), sel, poivre

Mélangez les flocons de pois chiches avec le lait de riz, incorporez les œufs entiers, l'échalote hachée, assaisonnez. Versez une louche dans une poêle chaude huilée. Retournez à l'aide d'une spatule pour cuire l'autre face.

Panisse aux poireaux

- 1 litre de bouillon de légumes, 1 c. à c. de sel
- le blanc d'1 gros poireau haché
- 250 g farine de pois chiches
- 1 c. à s. d'huile d'olive

Faites cuire le blanc de poireau haché dans le bouillon de légumes salé. Dans une autre casserole, mettez la farine de pois chiches, versez dessus et petit à petit le bouillon aux poireaux - chaud - tout en remuant vigoureusement. Ajoutez l'huile d'olive, poivrez. Replacez sur le feu pour faire épaissir et remuez pendant 8 minutes. Versez dans un moule à cake. Laissez prendre une nuit avant de couper en tranches.

LES LÉGUMES SECS

Hoummos

Une fois les pois chiches réduits en purée vous obtiendrez une consistance de crème en incorporant aussi bien un lait végétal que du bouillon, du jus de citron et de l'huile d'olive ou encore de la crème de soja ou du « fromage blanc » de soja comme dans la recette suivante.

- 200 g de pois chiches (les faire tremper une nuit)
- 1 c. à s. de panaché d'algues séchées
- 2 c. à c. de sel, poivre
- 2 pincées de cumin en poudre
- 1/2 verre d'huile d'olive
- 1/2 verre de « fromage blanc » de soja

Faites tremper les pois chiches au moins 24 h (l'idéal étant de les faire germer pour une meilleure digestibilité : changez souvent l'eau et faites tremper 2 ou 3 jours). Rincez-les avant de les verser dans une cocotte à fond épais. Couvrez d'eau, ajoutez les algues et faites cuire à petit feu 30 à 40 minutes. Salez en fin de cuisson.
Versez les pois chiches égouttés dans le bol du robot, salez, poivrez, ajoutez le cumin, mixez ou passez au moulin à légumes. Incorporez en plusieurs fractions l'huile et la crème de soja en mixant régulièrement. Vérifiez l'assaisonnement et selon la consistance souhaitée ajoutez un peu du bouillon de cuisson.

Pois cassés

Crème de pois

Pour une cuisson rapide (en moins d'un quart d'heure) vous remplacerez les pois cassés par leur version en flocons, ils se mixent et s'assaisonnent pareillement.

- 1 gros bol de pois cassés
- 1 feuille de laurier
- 1 branche de sauge (ou de la sarriette)
- 2 c. à s. d'huile d'olive
- 1 c. à s. de graines de sésame grillées

Mettez les pois cassé à cuire dans trois fois leur volume d'eau avec le laurier, la sauge. Comptez bien 50 minutes de cuisson à feu très doux dans une cocotte à fond épais.
Mixez finement en rajoutant du sel, du poivre et 2 belles cuillerées d'huile d'olive. Saupoudrez de quelques graines de sésame.

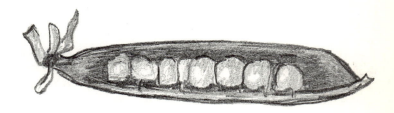

Des idées pour le petit déjeuner

Pourquoi pas des crêpes ?
À la douce saveur de la farine de châtaignes (page 33) ou à la farine de noisettes (page 51) Vous les tartinerez de purée de noisettes, de crème à tartiner au quinoa (noix de coco, pruneaux, noisettes…) de crème de châtaignes… ou encore de marmelades de fruits.

Une crème vite préparée ?
Pensez aux farines précuites comme la « crème » de quinoa (page 78) ou la « crème » de riz, ainsi qu'au tapioca (page 40).
Quant aux flocons de châtaignes, ils permettent de faire un « porridge » gourmand avec ou sans chocolat (page 38).

Du choix !
Riz au lait végétal, compotes, gratins de fruits, quinoa sucré (page 78 - 79)… crumble aux fruits (page 26) ou même gâteau du châtaignier (page 38) pour ne parler que des saveurs sucrées, mais un petit déjeuner complet peut aussi démarrer sur des crêpes de sarrasin tartinées d'une purée d'oléagineux, une soupe aux pâtes de sarrasin ou au quinoa, une galette de céréales…, une omelette au lait de soja…
Proposez les mueslis composés de fruits secs et de flocons de riz, de flocons de châtaignes toastés, de flocons de sarrasins, de graines de sésame, de tournesol… avec un lait végétal (de châtaignes, de soja au chocolat, de riz à la vanille, d'amandes… il y en a forcément pour tous les goûts !).

Des idées pour un buffet

Buffet « salé »
Pensez aux cakes de légumes réalisés avec des flocons de riz (page 90) ou de sarrasin, à la terrine de légumes à la châtaigne (page 30)... aux pizzas avec fond de tarte au riz (page 87)... aux galettes végétales... découpées en cubes, présentées comme des toasts, ces préparations ont l'avantage d'être saines et nutritives !

Un assortiment de légumes crus: carottes en bâtonnets, radis coupés en corolles, morceaux de fenouils, feuilles d'endives... servis avec un assortiment de petites sauces : la sauce pour jeunes légumes (page 18), le pistou d'amandes (page 19) et fines herbes-tofu (page 107). Vous pouvez aussi préparer une salade aux vermicelles chinois (page 89).

Beignets de légumes à la farine de pois chiches, nems à la ratatouille (pages 85 et 116) seront servis avec une sauce épicée...
Et pour accompagner hoummos, caviar d'aubergines, tapenades, mélange de fines herbes-tofu (page 107)... préparez des blinis à la farine de châtaignes (page 29) ou des minis crêpes à la farine de pois chiches (page 116).

Un excellent taboulé : celui au quinoa (page 75).

Buffet « sucré »
Avec le gâteau aux carottes (page 98), des tartes aux fruits (page 24), des macarons aux pistaches (page 70)...
Proposez de petites tasses de crème fondante au chocolat bien froide, c'est une vraie ganache ! À moins que vous ne choisissiez les délices de fraises (page 99) pour un dessert léger léger...

Des idées pour un repas de fête

Des soupes veloutées :
Amandine parsemée d'amandes effilées grillées (page 20) ou Crémeuse d'aubergines (page 86)

Soufflé ou fines terrines ?
Un soufflé d'automne (page 30) décoré de noisettes hachées et servi en ramequins individuels… les timbales d'asperges (page 91)… Le léger cake au riz (page 90) accompagné de la sauce à l'aubergine (page 82), le pain d'aubergines (page 92) avec la crème de riz au safran (page 82) ou encore la terrine d'azukis (page 112) et une sauce chaude à l'amande (page 19).
Les tomates fraîcheur farcies au quinoa (page 76) seront accompagnées dans l'assiette d'une coupelle de sauce parfumée et de feuilles de menthe fraîche.

Un plat unique : le couscous de quinoa (page 77) ou le riz façon paella (page 92).

Et de vrais desserts !

Le mousseux à la compote pommes-châtaignes (page 32) sera servi en parts individuelles nappées d'une crème anglaise à la châtaigne. Le délicieux aux châtaignes (page 35) recouvert de ganache au chocolat (page 95) pourra être décoré de quelques marrons glacés, de fruits secs... de bougies ! Pour un anniversaire, le gâteau chocolat – pistaches sera cuit dans un moule en forme de cœur, saupoudré de cacao en poudre, de pistaches hachées... à Pâques, petits œufs ou poissons en chocolat viendront mettre une touche de fantaisie !

Le fondant de patates douces (page 64) rivalisera avec les bûches de marrons, nappé de sauce au cacao vous le décorerez de lamelles d'orange confite. Le moelleux aux châtaignes s'associera avec la crème anglaise (à la farine de châtaignes ! page 36).

Vous pourrez préparer à l'avance les fondants au chocolat (page 96) en plaçant les ramequins de pâte au frais pour les enfourner juste 7 minutes avant de les servir ! Pour le gratin de bananes (page 97) vous le passerez au four dans des moules individuels (comme ceux utilisés pour la crème catalane ou la crème brûlée) et vous servirez des rondelles de bananes séchées (rayon fruits secs) en guise de gourmandises d'accompagnement !

À moins de choisir la variété des tartes aux fruits frais : fraises, framboises, kiwis... Sur un « fond de tarte macarons » (page 23), étalez une couche de « crème pâtissière au lait d'amandes » (page 22) puis disposez vos fruits... Ce fond de tarte à l'amande se marie très bien avec les fraises, les framboises, les myrtilles... Essayez aussi la recette de la « tarte au chocolat aux fruits secs » (page 23). Nappée d'une ganache au chocolat et parsemée de pistaches, amandes, raisins secs, façon « mendiants », ce fond de tarte à la poudre d'amandes est transformé !

Et pour le goûter ?

Des petits gâteaux faciles à emporter :
Des biscuits « petits fours » à la poudre d'amandes (page 23) ou aux noisettes (page 52), aux macarons au chocolat (page 24) en passant par des biscuits secs à la farine de châtaignes (page 34), il y a de quoi remplir les poches pour quatre heures !

Des crêpes ?
Celles au lait de coco (page 58) régaleront les gourmands ! Et pour parfumer la pâte à la farine de riz (page 96) vous ajouterez du zeste de citron ou d'orange, 2 gouttes d'huile essentielle de mandarine ou des grains de vanille….

Et avec des fruits ?
Des petites tartelettes au sucre naturel sur un fond de tarte à la noix de coco (page 58), le clafoutis tout prunes (page 25) qui peut d'ailleurs devenir « tout cerises » ou « tout abricots » ! Ou encore le gratin à la banane (page 97), le cake banane – quinoa pour un gâteau énergétique !

Toutes les recettes

Les sauces, béchamels...

Coulis de lentilles	112
Crème de riz au safran	82
Crème « noisettée »	50
Crème soja aux 5 parfums	107
Farce fines herbes tofu	107
Mayonnaise de lentilles	113
Mousse de courge	83
Pistou d'amandes	19
Sauce à l'aubergine	82
Sauce à la crème de sarrasin	102
Sauce au yaourt de soja	74
Sauce blanche à la crème de riz	83
Sauce cajou	56
Sauce chaude à l'amande	19
Sauce fine aux amandes	18
Sauce pour jeunes légumes	18

Les soupes

Crème de chou-fleur	86
Crème de pois	119
Crème de quinoa aux légumes	74
Crémeuse d'aubergines	86
Potage manioc	39
Soupe à la farine de châtaignes	28
Soupe à la purée de châtaignes	29
Soupe de légumes	44 et 106
Soupe épinards	106
Soupe quinoa aux dés de potimarron	74
Velouté amandine	20
Velouté de châtaignes aux oignons	28
Velouté de fanes de radis	55

Autour des légumes

Blanquette de pommes de terre et tofu	67
Couscous de quinoa aux légumes	77
Croque-monsieur de patates douces	62
Crumble à la ratatouille	21
Dauphinois léger	66
Friands	85
Gratin à la parmesane d'amandes	20
Gratin de courge au lait de cajou	54
Gratin de légumes et quinoa	75
Gratin sarrasin de légumes	104
Hoummos	118
Nems à la ratatouille	85
Nems aux légumes	84
Paëlla	92
Petits flans ratatouille	45
Purée de lentilles corail	114
Râpée de courge	44
Riz carottes-curry	91
Riz aux pignons et à la menthe	93
Salade aux vermicelles	89
Salade de riz complet	88
Soufflé d'automne	30
Soufflé de millet	46
Taboulé de quinoa	75
Tomates fraîcheur	76

Terrines, galettes végétales

Cake aux légumes et quinoa	73
Cake au riz	90
Cake de légumes aux châtaignes	31
Escalopes de flocons de riz	94
Galettes de pois chiches	117
Galettes de pommes de terre	104
Galettes de sarrasin	103
Omelette aux riz	90
Pain d'aubergines	92
Panisse aux poireaux	117
Pâtés fin de pommes de terre	68
Pavés aux flocons	50
Petites terrines d'hiver	108
Soufflé aux poireaux	90

TOUTES LES RECETTES

Steaks de sarrasin 102
Terrine de lentilles 114
Terrine de légumes à la châtaigne 30
Terrine d'azukis 112
Timbales d'asperges 91

Pâtes à crêpes et tartes salées
Pâte à beignets à la farine de pois chiches 116
Pâte à crêpes à la farine de pois chiches 116
Pâte à crêpes ou blinis à la farine de lentilles 115
Pâte à crêpes sarrasin 103
Pizza au riz 87
Tarte au riz 88
Blinis à la farine de noisettes 51

Pâtes à crêpes sucrées
Pâte à crêpes à la farine de châtaignes 33
Pâte à crêpes à la farine de noisettes 51
Pâte à crêpes à la farine de riz 96
Pâte à crêpes au lait de coco 58

Les crèmes dessert
Crème anglaise à la châtaigne 36
Crème au chocolat 99
Crème fondante chocolat 36
Crème pâtissière à la farine de riz 95
Crème pâtissière au lait d'amandes 22
Crème vanillée 62
Crème de quinoa cannelle-cacao 78
Délice de fraises 99
Dessert à la crème de coco 41
Flan au cacao 109
Glaçage au chocolat 95
Tapioca à la vanille 41
Tapioca au chocolat 42

Les tartes sucrées
Pâte à biscuits et à tarte à la farine de châtaigne 34
Tarte aux fraises, framboises 24

TOUTES LES RECETTES

Tarte ardéchoise 23
Tarte au chocolat aux fruits secs 23
Tartelettes nectarines ou banane-coco 58
Fond de tarte noisetté 52
Fond de tarte macaron 23

Gourmandises et petits gâteaux
« Bonbons » au coco 59
Fondants au chocolat 96
Macarons aux pistaches 70
Macarons au chocolat 24
Petits fours à l'amande 23
Petits fours aux noisettes 52

Fondants, moelleux et gâteaux de fête
Cake bananes – quinoa 79
Gâteau aux carottes 98
Gâteau chocolat pistaches 71
Gâteau du châtaignier 37
Gâteaux châtaignes choco 37
Délicieux aux châtaignes 35
Fondant aux patates douces 64
Pudding de châtaignes au chocolat 33

Clafoutis, gratins de fruits
Clafoutis aux pommes à la farine de châtaignes 35
Clafoutis tout prunes 25
Crumble aux fruits 26
Far aux pruneaux 98
Galette poêlée à la farine de riz 97
Galette vite faite 34
Gratin de bananes 97
Mousseux à la compote pommes-châtaignes 32

Desserts
Dessert au quinoa 78
Pudding de millet 47
Soufflé sucré au millet 46

Pains sans gluten
Petits pains blonds au quinoa 80
Petits pains à la farine de riz 100
Petits pains rustiques au sarrasin 100

Achevé d'imprimer en mars 2011
sur les presses de l'imprimerie France Quercy - 46090 Mercuès
N° d'impression : 10392/ - Dépôt légal : juillet 2003

Imprimé en France